U0330955

大夏书系·名家谈教育

教育之变

程介明 / 著

 华东师范大学出版社
ECNUP 全国百佳图书出版单位
· 上海 ·

作者按语

我是研究宏观教育发展的。多年的经历，使我得出了两条信念：

教育的最终目的，是为了学生的未来！

教育的核心业务，是学生的学习！

这里收集的，是我近 20 年在香港《信报》的"教育评论"专栏发表的文章，略加修改。这些文章，就是呼应上面的第一句——学生的未来，其实就是看宏观社会的变化。虽然每篇文章都略有修改，但基本保持原貌。读者可以看到我的观点演化的过程。因为文章是在不同年份写的，因此难免前后有所重叠，引用的例子也会重复，不过先后引用的情景会略有不同。

本书的主旨，简单来说，也可以归纳为：

学习是人的天性，教育却不是；教育是人类为自身设计的学习系统。因此，教育带有每个时代经济、社会、文化、政治、信仰各方面的时代烙印。

也就是说，教育是会过时的！

我们正处在这个历史的转折点！

程介明

2021 年 6 月 8 日

目　录

Chapter
01
|
未来已来

推荐序　明天的教育会好吗?
001
|
代序　自白
005

宏观数据与人的故事
003
|
家长的苦恼
007
|
是否太悲观了?
012
|
未来已来
018

Chapter

02

社会变了

后工业社会形态

025

后工业时代的传统工业

029

蓝领的空间是怎样失去的?

033

不一样的机构形态

038

新一代的职业观

043

生涯规划这回事……

049

毕业生的就业常识

054

就业常态的适应

059

失业 · 就业 · 创业

064

就业 · 创业 · 教育

068

对口就业还是常规吗?

072

裁员辨

076

"不打工"的大学生

080

|

大学生就业：以往与现在

085

|

青年前途 = 就业?

090

|

人口推算·劳力预测·教育规划

095

|

不一样的社会期望

100

|

素养·技能·能力

106

知识与技能之外

110

|

知识能力之外的素质

115

|

孤立的个人，坚强的个人

120

|

科技与未来

125

|

后生可畏

130

|

人人都可以成为知识分子?

134

Chapter

03

教育也要变

知识建制逐渐崩溃?

141

知识的喂饲

145

教育与社会:新与旧

149

习惯与误会

154

不一样的教育

158

过时的教育观?

163

教育改革,改什么?

168

教育到底面临什么挑战?

173

大树·社会流动·教育公平

178

大学招生与社会流动

183

教育 = 学以致用?

188

人力资本新定义

193

教育：放眼看

197

21 世纪——能力？素质？素养？

202

目的的追寻

206

教师：改革对象？

211

升学与就业之外

216

人的素质

220

学生的工作休验

225

戏剧的震撼

230

个别化学习

234

"输在起跑线"：毒咒

239

过去十年，未来十年

244

从教育到学习

248

《仁川宣言》——教育 2030

253

后　记

259

明天的教育
会好吗?

第一次见程介明先生，应该是 26 年前的 1994 年 11 月 1 日。

当时我在香港中文大学访学，应邀去香港大学教育学院作了一场《中国高等教育的转型》的学术讲演。在那里，见到了老朋友张民选兄，他正在香港大学跟随程介明先生攻读博士学位，由此结缘了程介明教授。那时我正在苏州大学担任教务处处长，程教授告诉我，他的母亲也是苏州人。我感到很亲切，于是开始叫他程老师。

名师出高徒。民选兄学成以后，先后担任上海市教育委员会副主任、教育部"国际教育研究与咨询中心"主任、上海师范大学校长、联合国教科文组织教师教育研究中心主任等重要职务，成为在国际教育舞台上非常活跃的一位教育家。

六年前，我在发起"中国教育三十人论坛"的时候，首先想到的人选之一，就有程老师。在论坛相关工作中，我们有了较多的交往、深度的交流和密切的合作。他担任主席的世界教育前沿峰会，每次都选择国际教育界关注的重大问题，邀请世界各国的名家讨论交流，每次都邀请我作主旨演讲，躬逢其盛，让我不仅能够学习国外教育家的成果，也领略了程老师在国际教育界的号召力、影响力和领导力。

程老师学问很大，为人低调、谦和。他是我见到的很少的既熟悉世界教育动向又了解中国国情的教育家，他曾在世界银行、联合国教科文组织、联合国儿童基金会、联合国开发计划署及亚洲开发银行等多个机构任职，也深入过我国贵州等多个贫困地区做田野调查，还担任了国家基础教育课程与教材专家咨询委员会成员，他的许多教育观点既有前瞻性又很接地气。如在这本书中他对于高考制度的分析："高考，是一个选拔过程；它承担着社会功能。这个功能，不是我和你可以朝夕改变的，也不是通过教育可以解决的。但是这样的考试，却往往对于学生个人的学习与成长很不利。人生下来就是不一样的，偏偏要逼着他们按照统一的步伐、统一的内容、统一的要求进行筛选，那其实是极为残忍的。"既指出了高考的弊端，又分析了高考改革的难度。

程老师不仅学问好，对国家前途命运也非常关注，有着传统知识分子的家国情怀和社会责任感。我曾经说过："中国教育有弊端，但怒目金刚式的斥责和鞭挞，虽痛快却无济于事。对于中国教育而言，最需要的是行动与建设，只有行动与建设，才是真正深刻而富有颠覆性的批判与重构。"看到这段文字，程老师第一时间反馈说："对极了，这才是正能量。怒目金刚，太普遍了，也太容易了。"可能也正因如此，他对我发起的新教育实验格外关注，给予诸多支持。

我还记得第一次听程老师在"中国教育三十人论坛"上讲演，非常震撼。那次演讲的主题，就是这本书中的一些主要观点：社会变了，教育也应该变化。学习是人类的天性，教育却不是。受了教育，也就是进了学校，并不一定就会有学习。

程老师的这本书是他近 20 年在香港《信报》发表的 50 余篇文章的合集，虽然体量不大，但是内容非常丰富，也自成体系。内地与香港政情与文化不完全一样，香港作为国际大都市，对世界教育思潮有着"春江水暖鸭先知"的便利，又和内地有着共同的文化根源。书中讨论的问题，对于我们更好地认识当下和未来的教育，有着特别的意义。

1918 年 11 月 7 日，即将过 60 岁生日的梁济问儿子梁漱溟："这个世界会好吗？"正在北京大学当哲学教师的儿子回答说："我相信世界是一天一天往好里去的。"明天的教育会好吗？程老师的这本书以"教育之变"为题，正是在探讨这一问题。我们的回答，应该与 100 多年前梁漱溟先生的回答是一致的。

当然，明天的美好不会自然而来，教育的美好明天需要我们共同努力。

朱永新

2020 年 12 月 15 日晨，写于福州悦华酒店

代　序

|

自白

　　我主要是研究教育政策的。20世纪70年代，在香港办学，从数学、物理教师转而注意教育行政；又因为后来香港发展公立中学，所在的私立学校面临严重的危机，因而关注教育的宏观发展，也就是关注教育政策。一次，在一家书店看到一本书的书脊：*An Introduction to the Economics of Education*[1]（《教育经济学导论》），觉得不可思议——教育怎么会与经济扯上关系呢？从此对教育的宏观现象产生兴趣。

　　开始的时候，（我关注的）是传统的政策研究，也就是当时热门的"教育规划"，主要是看数据、看统计、看趋势、看管治、看结构、看财政，等等。因此研究入学率、在校率、毕业率、升学率、就业率；研究人口变化、内部效益（资源的高效使用）、外部效益（资源的社会效用）。在这些前提下，研究体制结构、资源分配、学校领导、课程发

---

[1] 这是当年的教育经济学大师马克·布劳格（Mark Blaug）的书。后来到伦敦大学终于见到了他，再后来还在荷兰访问了他。

展、质量保证、教师评估、学生考核等教育行政方面的措施政策。

这里忍不住向读者介绍一下我对这个问题认识的过程，也是一个学习的历程。上一轮教育改革，启发了我，开始看教育以外的大环境。最记得1999年1月25日，当时梁锦松做主席的教育统筹委员会，启动教育改革，在香港大会堂聚集了800位社会精英，我的启动演讲，题目是"教育问"，用了大约40分钟，全部都是问题，没有答案。当时台下沸腾，纷纷诉说教育的不是，而且大都抛开了自己的社会职务，不知不觉地都以家长身份，近乎控诉。其中至今历历在目的，是冯可强先生的一番话，大意是：引起家庭中不愉快的，往往就是孩子的功课。另一位（忘记了是谁）甚至说，夫妻之间引起争拗的，往往也是因为孩子的功课。

教育改革，放眼目的

回想起来，当年教统会（香港非法定组织，负责按社会的需要而向香港政府提供有关整体教育事务）做对了一件事：没有急于提供答案，而是动员全社会，用了一年的时间，讨论"教育目的"。还记得在每家小学竖立一棵纸板做的树，每名学生挂上一只纸苹果，上面写"I have a dream. Education should be..."（我有一个梦想，教育应该是_____）。用了一整年的时间，他们收到一万四千多份来自社会各界的建议书。后来就提出了"乐于学习，善于沟通，勇于承担，敢于创新"的"乐、善、勇、敢"四字作为临时的教育改革目标。

全社会讨论教育目的，里面隐含的思路：在教育的"目的"与"手段"两个方面，在这个时候必须同时改革；不能假设目的没有问题，只谈手段。不是期望在手段上"做多些、做好些"，而是从"目的"着眼。

假如"目的"不一样了，原来的"手段"就要作根本的改变。这是当时香港教育改革的基本思维。近年有机会观察、咨询、参与世界不同地方大大小小的教育改革，可以说，绝大部分的体系，都只不过是在原来的教育形态上面，修修补补。花了庞大的人力物力，结果就像修车一样，修完还只不过是原来那部车。我把这叫作"补缺思维"（deficit model）。现在环顾，在这方面，香港、上海、新加坡市等城市可以说是例外。芬兰和加拿大的安大略省，教育改革也是面向新的目的。

恰巧当时在OECD（经济合作发展组织）主持终身教育的老朋友（David Tuijmann）路过香港，他介绍的北欧终身教育景象，给了我两方面的启示：一个是教育与社会的关系，尤其是变化了的社会对教育的影响；另一个是贯穿教育制度的主轴，应该是"学习"。现在回想起来，他所介绍的情况，其实并无特别惊人之处，但是这两个方面，却成了我此后思考的两个主要方面，近年在各地作演讲，通常PPT的第一张是："教育的最终目的——学生的未来；教育的核心业务——学生的学习"。不厌其烦，一个宏观，一个微观。这是我学习心得的最简单的概括。

重点观察，教育以外

从那时候开始，我才开始注意教育以外的社会。因为假如教育的最终目的是学生的未来，那么，未来的社会将是怎么样的？今年小学一年级的学生，16年以后就要进入社会了（假设人人都有机会接受高等教育）。16年以后的社会将是怎么样的？要知道未来，先要知道现在。稍微接触，我就已经大吃一惊。

首先注意的是"workplace"。这个单词，一般译作"职场"，我把它译作"工作形态"。并非直译，但认为使用起来更加贴切。英文的"place"，其实并不一定是一个实体的"场"。首先引起我注意的是投资银行，也是缘分，一个偶然的机会，发觉他们不是按传统的科层结构操作，而是每一个客户设立一个工作组。我也在大学教过学校管理，这与马克斯·韦伯经典的工业社会科层架构完全不一样。后来才知道，许多比较新的行业和机构，都是如此。靠的不是明细的部门分工，而是综合性的"一站式"服务。工作组以外，也有被叫作"deal team, project team, account team"（交易小组、项目小组、客户小组）。也有一些采取所谓"矩阵式"结构，也可以说是"部门分工"与"一站式"之间的中和。

由于在大学担任的职务，我有一段相当长的时间负责筹款，经常有机会与商界的朋友交往，基于他们口中的描述，社会的工作形态景象愈来愈清晰。我又有幸在大学当了18年的学生宿舍舍监，学生毕业后的动态、毕业前的思考，都大大帮助了我不只是认识了社会的变化，也认识了年轻人的变化。这些认识过程，不是一两个研究项目可以代替的，而是一个长期观察、反复求证的过程；也是一个不断假设，不断推翻自己的过程。

身边事物，蕴藏智慧

举两个例子。听美心集团的创始人伍沾德先生的分析，才感觉到，传统的"规模效益"，已经不一定是一家公司扩展时的基本考虑。美心在香港有600多家店，各类中国菜、外国菜、咖啡、面包、快餐，都有，但只有少数还带着美心的招牌。这正应了文献中"less of more"（少量多款）的论述。听田北辰先生来大学讲他们G2000的两句座右铭："When it works, it's obsolete!"（我的翻译：流行的，已经过时了！）还有一句：

"Customers don't know what they want." (顾客不知道自己要什么。) 这也是世界上有关创新的文献中经常出现的。这两个例子，都说明生产并不一定是为了满足需求，更重要的是营造购买的欲望。这两个例子都充满着对于现代社会——我称为后工业时代——的深刻认识与智慧。

与此同时，刚好又有机会看到一些传统工业社会典型的流水作业式的工厂，比如早期香港的玩具厂、改革开放初期东莞的工厂，以及非洲莱索托与斯威斯兰的制衣厂，亲眼看到了查理·卓别林《摩登时代》的现代版。

同时，也看到这些传统工厂的式微，深圳一些工厂在短短的一二十年里，就要不断转型，否则就难以生存——从几乎全部是操作工，转型为生产、设计、营销人员各占三分之一。也可以看到这些工厂对人员学历要求的转变。

经年累月，不断地假设与推敲，慢慢就形成了一个立体的教育观——从生产形态、机构形态、工作形态，到个人的职业形态，以至于人们的工作意识形态，都产生了翻天覆地的、根本的、全面的、不可逆的变化。一句话：变得认不得了！

总的来说，教育的最终目的，是为了学生的未来，也是为了社会的未来。我在过去几年，不断提出一个看法：学习是人类的天性，教育却不是；教育是人类为人类设计的体系，因而不同时代的教育体系，必然带有该时代的经济、社会、政治、文化，乃至宗教的特点。在不同时代，人类对于教育会有不同的观念，也就是说，教育是会过时的！这是我们的教育面临的最大挑战。

原载《信报·教育评论》（2019-01-25）（略有改动）

未来已来

宏观数据
与人的故事

我们观察社会，难免带有自己固有的一些假设。这成为自己观察社会、分析现象、得出结论时不知不觉的前设。

我曾经提出的关于教育发展的一些"误会"，往往就是由于有这些前设而不自知。比如说，人们很容易认为，教育就是为了培养人才，因此劳动力出了问题，就要在教育身上找原因。又比如说，看到社会上出现许多道德伦理的问题，就怪罪教育；甚至认为应该在课程中、考试中加强有关的元素。又比如说，以学生在学校得到的分数来衡量学生的学习素质，拿了高分，就是学得好。又比如说，希望子女好，就要他们学很多东西，塞满他们的时间。这里面，细想一下，有许多不假思索想当然的"盲点"，正在指挥着我们对周围事物的观察，影响着我们因而得出的结论。

这些前设，不深想下去，往往是社会的"共识"，一下子不容易改变。但是，我们作为研究者，却不能任由自己的"想当然""污染"我们探索真相的使命；反而有责任深入探讨，看看这些前设背后是否有道理，这些道理是否成立。当然，每个人看问题，总是难免带有自己的前设（并不一定是严重的"偏见"）。作为研究者，一是尽量清醒地提醒自己，承认自己可能会有前设；二是避免不必要的前设，或者减少前设的影响；三是不隐瞒自己的前设，让人家知道自己的前设会产生潜在的影响。

前设假定，而不自知

也有研究者，由于很专注自己的研究领域，就往往把一些前设当成是自己的定律，这就变成了真正的偏见。例如，最近报导的有关 IQ（智商）的始创者，坚持认为 IQ 里面有种族基因因素（即 IQ 高低有种族的先天性因素），其实他没有研究其他非基因因素，于是便成了偏见。这位学者因而被有关学会剥夺他以前获得的荣誉头衔。

顺便一提，我大学本科念的是物理与数学；三年毕业后，又念了一个数学特别理学士。对于数学，我起码是没有恐惧感的。但是，后来念博士，用的却是族志式的研究方法，也可以说是人类学研究方法的一种，是基本上不带数字的"质性研究"。简单来说，就是不带研究者的主观假定，而潜心探索被研究对象的思想——准则、价值观、假设、信念。也就是说，不是要对方回答自己的问题，而是设身处地理解研究对象的真实世界。

我当时还未完成博士论文，恰巧碰上 1985 年中国教育体制改革，基本上是财政与行政的下放，受联合国教科文组织下面的国际教育规划研究所（IIEP）与联合国儿童基金会所托，要研究改革的影响。研究者只有我一人，就采用族志式研究个案。我选了中等经济程度的辽宁，又在其中选了金州与凌源一富一穷两个县，做了六个星期的实地调查。结果不错，看到了许多从宏观数字无法看到的重要事实。随后我参加的世界银行对两个省（贵州与陕西）的研究，他们就申明要采取同类的方法。结果在陕西从汉中到延安访问了沿途几乎所有的乡镇，在贵州则在黔西南与黔东南各做了颇为深入的访查。后来在香港大学就开了质性研究的课；在哈佛大学所教的课程，标题就是"质性研究与教育政策"。

接触现实，解读数字

为什么在这里要不厌其详地讲个人的经历？因为这是我逐渐明白社会变化的途径。与其说是研究方法，不如说是学习过程。我引用的实例，都是大家司空见惯的，只不过一则不一定会连接起来形成概念，二则不一定会觉得与教育有关系。但这两者——形成概念与联系教育——都不是从宏观数字可以自然看出来的，更不是宏观数字会自动表达的。因为最根本的还是"人"，是活生生的人，是人的真正生活，是人的真情实感。

当然也不是不要宏观数字。质性研究的目的，与统计性的调查，刚好相反。举个例子，现在"不对口"就业已经成为主流，首先是从学生身上觉得"不对口"就业的愈来愈多。但是，通过大学负责毕业生就业部门的数字，才会了解一所大学就业的全面数字，还意外发现，原来工学院也有 35% 的毕业生没有入行。后续不断从校友身上得到证实，就会发觉，每一个数字背后，都有丰富的故事。

看到一篇文章，引用了领英的报告，"95 后"这一代毕业生，首份工作对口就业的，竟然只有 28.8%。（马上想到的，是找出这个数字的来源——调查对象是谁？样本有多大？怎样才算"与修读专业有关"？）不对口就业，已经成为社会现象，这是不争的事实。这与我一直的观察——转工转行频繁——不谋而合。

宏观数据，背后故事

但这还是停留在数字层面的统计分布，又不断从校友那听取他们的心声，听听他们为什么不入行。原因当然很多——有觉得其他工作更有吸引力的，有不愿意打工的，有因为向往投资银行的，有被聘用从事金融工程的（虽名工程，却与所学的电子、电机、机械、土木关系不大），也有蓄意直接服务社会而参加 NGO（非政府组织）的——不一之中，却甚少是因为找不到工作而感到屈就的。甚至觉得，他们之中很多人根本就没有"对口入行"这个概念，对他们来说，大学只不过是人生的一个阶段，毕业后又是另一个阶段，两者并不一定有必然的联系（在香港，医科毕业生也许是例外）。大学毕业生那种自己决定前路的意识，是我们上一代人难以想象的。

同一个领英调查，说"95 后"第一份工作平均 7 个月后就辞职。根据前述新一代的就业意识，就很能解释相连的另一个现象：频繁的转工转行。这也是我在过去几年中一直不断观察到的现象，不过这个调查数字加固了我这个观察。

原载《信报·教育评论》（2019-02-01）（修订）

家长的苦恼

经常有朋友说到，学校的功课压力太大了，很想让孩子进国际学校，起码可以开开心心的，家长也不必整天提心吊胆。刚好与一位上海的香港大学校友一起吃早餐，谈及此事，书信续谈。

志华：

很高兴在香港见到你。在上海眼看着你们俩结婚，眼看着你们有了孩子，真替你们高兴。但孩子的教育，却也带来莫大的烦恼。我们那天早餐的讨论，意犹未尽，就在这信里继续。也与我的读者分享。

你提出的问题，不要说在上海，在香港也一样，也许在我说的"筷子文化"（指中、日、韩社会的文化）区都一样吧！一方面，家长希望孩子健康成长，大多数是"望子成龙"，虽然"龙"的意义正在不断变更，而且十个家长可以有十种愿望。另一方面，愈来愈多的家长、有知识的家长、洞悉社会变化的家长，又愈来愈感到孩子正在经受着不必要而且有害的压迫。

你平常对问题看法很有深度，就更加感到孩子受教育制度之苦。因此你的烦恼，也许比别人更加沉重。

学习与考试，家长的矛盾

你说孩子在一所比较好的学校念书，每天的作业已经不算太紧迫，但是还是让孩子觉得很有压力。其实，教师又何尝不是生活在这种矛盾之中？不知道上海如何，就香港而言，虽然学生受作业的压迫，也许不如上海（在香港，学校之间也可以很不一样），但是教师一方面希望给学生最好的学习经历，另一方面又要帮助学生在考试中获得最好的成绩，而这两者之间，有时候是难以调和的。

所以我说，上海的学生都是一流的，一则可以在比较先进的PISA（国际学生评估项目）表现出最佳的学习能力，二则可以高考取得高分，进入国内、国际一流大学。他们都是"双枪将"！

这对我很有启示。高考，是一个选拔过程；它承担着社会功能。这个功能，不是我和你可以朝夕改变的，也不是通过教育可以解决的。但是这样的考试，却往往对于学生个人的学习与成长很不利。人生下来就是不一样的，偏偏要逼着他们按照统一的步伐、统一的内容、统一的要求进行筛选，那其实是极为残忍的。

况且，现在的社会变了，教育也只有着力培养个人内在的、全面的、应变的能力，方能支撑个人未来的一生，方能应付多变、速变的社会。看得通这点的，就也许不光是担心孩子的健康，真正担心的更是他们如何应对未来。因此，越是看得通的家长，越是担心。你也许属于这一类吧。

但是在中国内地，高考的压力却似乎没有减轻的迹象。这也许不是靠责怪政府就能解决的问题，是整个社会的文化变成了一种不由分说的社会压力。

理想与现实，家长的功力

我的看法，作为家长，很难单独为自己的孩子闹一场教育革命。因为这是整个社会的事，而且不是个别政策使然。我觉得，家长对于教育的问题越是看得清楚，越是要小心，不要拿自己的孩子去赌博。现在内地很多家庭都还是独生子女，就更加赌不起。在教育问题上，父母也许需要洞悉教育的缺陷，但是不应该让孩子长期在愤世嫉俗的心态下度过他们的学校生活。

那么，是否就只能驯服于现实，甘心让孩子受压迫？不，我觉得可以乐观一点，站得高一点，想得宽一点。最好的方向，是让孩子既有在高考中"取胜"的能力，又有可以真正学习的本事。最好的愿景是：在生活中，乐于学习、勤于学习、善于学习；在高考中，取得高分，不在话下。

难做吗？未必。学生的学习能力，其实可以很强，往往超出我们的想象。他们完全可以兼顾"学习"与"高考"。

是我们的教育观念、考试制度，把他们的学习范围收窄了，把他们的学习能力低估了。高考的最大祸害，是为学生的学习设下了许许多多的天花板，把他们关进了许许多多的窄巷。而教师和家长需要做的，恰恰应该是解放学生，把自信心还给学生，让学生拥有愈来愈强的学习能力，超越教育制度设下的天花板和窄巷。家长与教师也要对学生的能力有充分的信心，否则他们就会不知道自己的潜力，被关在教育制度设下的牢笼里。家长应该有这个魄力，而不是整天埋怨教育制度；有时候连孩子都受感染，整天在充满怨怼的心态里生活。

　　这里面有一个窍门：作为家长，不是看孩子做了多少，而是看孩子有多少空间。学校不自觉地拼命去填塞孩子的空间；家长的努力，恰恰应该是为孩子创造更多的空间。

中文的取舍，家长的抉择

　　你说起，不如把孩子送进国际学校，让他少吃一点儿苦。与其他朋友谈起，他们还有一个观点：中国人的"勤奋"，其实是含义甚深的一种文化传统。"勤"之外，还有"奋"。真正的学习，总会经过比较艰苦的时刻、挑战性的关头。不应该把这些需要奋战的时刻与关头，笼统看成是需要避开的、负面的"吃苦"。所谓"愉快学习"，针对把孩子弄得很苦恼的学校、作业、考试，也许是有积极意义的。但是如果把"愉快"看成是学习的"必须"，甚至看成是学校生活的目标，很可能的结果，就是孩子变得经不起风浪、经不起考验、吃不得苦，只会舍难取易，甚至投机取巧，那与我们文化中的良性传统是相悖的。

　　当然，若是选择国际学校，还要准备好孩子只能以学外语的身份学中文，许多家长在选择学校的时候，完全没有考虑这一点，那是很可惜的。近年的经验告诉我，学习中文极为珍贵，但离开了学校又极不容易。无端放弃，将来一定追悔莫及。

你也打算过为了孩子的教育移居美国，那要看你选择美国什么学校。现在的怪现象是，中国人常常以为美国什么都先进，因此学校也先进；而美国人则往东看，觉得教育方面，要向东亚国家特别是中国学习。为了教育而移民，恐怕也是一种赌博。

有一件事倒是真的，中国学校同化的趋势很强。至今还是有极少真正的另类学校；最好的学校，还是把考试放在第一位，学生同样受着难堪的压力。

我是直说的，莫怪！莫怪！

祝健康愉快！

原载《信报·教育评论》（2014-05-23）

是否太悲观了？

新学年伊始，照例应该说一番前瞻性的鼓励的话，却写了如下的文章，将登在西班牙教师刊物《学校》(*Escuela*) 我的专栏里面。内容其实都是我过去论及的，只是合在一起，仍然觉得有点震动：社会变了，教育与社会显得格格不入。写了以后，觉得也许太悲观了。问诸几个不同国家的朋友，却觉得不过是说实话。

第一个层面：知识技术

知识仍然在爆炸性地增长，个人的知识迅速陈旧。科技的发展日新月异，影响到人类生活的每一个方面。学校已经不可能提供一劳永逸的知识，不能再停留于静止的知识。个人需要不断更新，不断学习；而每一个人，其实又在不断地创造新的知识。

第二个层面：就业前景

大家都不会否认，目前的教育理念，蕴含的都是经济话语：对国家来说，是 GDP 增长、全球竞争力；对个人来说，是就业能力。但是"对口"就业已非主流，况且转工、转行已是常态；失业、待业也好不出奇。同样的学历，其价值会与日渐减。职业的保障与安稳，已经日渐微弱。就业的机会愈趋减少，创业的人愈来愈多。就业，不再是发展教育的借口。

第三个层面：知识以外

现代学校制度源于西方，始于 19 世纪，目的在于青年人到城市打工，需要学会读、写、算。因此一直以来，教育就是为了知识与技能。其他的学习，是家庭或者教堂的职能。在工业社会的金字塔科层机构，只要尽忠职守、按章办事，就可以平步青云。现在机构变小、变扁、变松、变脆，每个人需要面对顾客，需要设计、创新、应变；需要面对技术、操守、政治的挑战。个人的能耐，就必须超越知识与技能，养成种种人际之间的态度与品格。这也许就是华人社会提出的人的"素养"。

第四个层面：工作以外

社会的变迁，也迫使人们不再有旧式的"安居乐业"。在工作以外，人们还需要在种种方面度过不平静的日子：健康生活、家庭生活、文化生活、政治生活、退休生活、老人生活等。每一方面，都必须准备迎接变故，乘风破浪。

第五个层面：世界环境

战后初期，战争的阴影余悸未了，人们比较关注世界大事。慢慢地，人们不太注意本社会以外的世界；报纸的头版，都是本地新闻，全球如是。现在，情形有在变，以下是以往本栏提过的，略有增加：

（1）连绵的自然天灾。自然灾害似乎愈来愈频繁，愈来愈严重。除了自然界的内在因素，人类无法了解与掌握；自然灾害造成的创伤，却往往是由于人类居住的密集，人类流动的频密。当然也由于人类贪得无厌地为了自己的生活而不断违反自然规律。

（2）不断的人为意外。飞机坠毁、火车失事、沉船塌楼、食物造假，几乎无日无之。发生在不发达的所谓"落后"国家，也发生在所谓发达的"先进"国家。是由于技术的过度发展，还是由于人们的失职、疏忽、贪婪，又或许都有？

（3）新旧的传染疾病。旧的疾病，例如肺结核，卷土重来。新的传染病不断滋生：SARS、禽流感、猪流感、埃博拉、新型冠状病毒，防不胜防。医药界穷于应付。人类的频繁交往，有利于病毒迅猛传播。而各国的保护主义，又成为全球化的逆动。

（4）难测的经济危机。以往的经济危机，说是资本主义供求关系造成的周期性失衡。现在追求零库存，经济危机、财政危机来也匆匆，去也匆匆。根究其原因，往往不是经济因素，而是人为的过失，故意的敛财。

（5）潜在的战争威胁。第二次世界大战的惨痛教训，人们已经忘却。新的战争危机，已经不限于中东，不限于国际边界。国际事务，公平公义在减少，赤裸裸的争夺与霸占在增多；国际关系，和平的愿望与前提一再被践踏；不少国家的军事力量，蠢蠢欲动、跃跃欲试。

（6）突发的社会动乱。几乎所有的大城市，都随时会出现大规模的群众动乱，又或者是震动全社会的社会运动。对于社会积压的种种问题，很多政府显得无能为力，人们不再相信政府，也不再依赖政党。

（7）任性的政治纷争。在乱世之中，政党之间不负责任地互相践踏；为争夺权位而不择手段，不惜瘫痪政府，不惜危害民生；以至不惜骑劫民众，践踏宪法。此类的政党争斗，以往只限于美国或者西方民主国家，现在几乎遍及全球。

（8）不意的民主结果。美国的特朗普、英国的脱欧、许多国家出乎意料的选举结果，令欧美的舆论和知识分子，开始质疑西方民主宪政的功效，但又无法质疑制度背后的民主理念。

（9）遍及的恐怖袭击。国际的争夺、利益的交加，诱发了全球性的恐怖行动，以杀害无辜为恐吓手段，而且变本加厉。一方面是全球性的恐怖组织灭之不尽，一方面开始出现个人自发的恐怖事件。恐怖行动，也许是方兴未艾。

（10）弥漫的贪污腐败。贪污腐败，几乎遍及每一个国家。廉洁的防线，似乎已经失守。官员的贪污，把民众的利益置诸脑后；既是民众反叛的基本原因，也是很多国际经济危机难以解决的死结。

（11）到处的造假欺诈。不是小范围的奶粉、食油之类，而是蜚声全球的如德国大众汽车、日本神户钢铁。生产者没有了诚信，就失去了人们的信任，也直接动摇了人们对自由市场经济的信赖。

（12）汹涌的越境难民。始于叙利亚的失控，难民潮涌向欧洲，几年来依然不断。这些难民，并非一般落难的贫民，他们之中有商贾、学者、官员。他们的到来，冲击着欧洲以人性为基调的基本价值，也引起几乎所有国家政坛的动荡。

（13）凶狠的贸易摩擦。人们逐渐认识到，这是一场大国间的较量，远远超过贸易的博弈。实质上难有谈判的余地，而是美国牛仔式的你死我活的争斗，目的是打压对方的发展空间。这场摩擦，涵盖贸易、科技、外交、军事、舆论、金融，方兴未艾。

（14）普遍的社会不均。社会不均，日益严重的贫富悬殊，也许是社会内在危机的最根本原因。几乎没有一个国家，可以称得上完全解决了贫困问题；也可以说，贫富不均，是社会与生俱来的特点。但是，贫者既贫，富者却是愈来愈富。难以服众。

第六个层面：基本信念

以上种种，似乎逐渐引起了人们信念上的根本变化。

20世纪，人们似乎有两个基本的信念：民主宪政与自由市场。尤其是随着柏林围墙的倒塌，"民主"与"市场"已经变成了没有对手的基本信念。

然而，两者都受到了前所未有的挑战。埃及、泰国、乌克兰，经过正规选举选出来的政府领袖，却在非宪政的压力下下台，构成了对宪政民主的挑战。历次经济与财政危机的发生与消逝，社会上的贫富差距反而有点变本加厉，也令人开始怀疑一直深信不疑的、会自我调节的"市场机制"。

一句话，以上种种，都不会是20年、30年之内可以解决的。我们的下一代，将会经历与我们这一代很不一样的一生。风浪与挑战，将是下一代经历的常态。我们的教育，必须让我们的下一代，比我们坚强得多。我们的学校和教师，还能斤斤计较学校里面区区数目的科目？我们的家长，还能斤斤计较子女的成绩分数吗？

（这原来是2014年的文章，后来在许多中外的主旨报告中，都有上面第五个层面——乱世，但是条目逐渐又加了几项，在收入本书的时候，添加了近年的一些条目。）

原载《信报·教育评论》（2014-09-12）

未来已来

我对教育前景的认识，除了感恩于身边的社会变化，还感恩于经历不同的年代，种种国际场合，包括研究项目、咨询项目、学术访问、学术会议等，也有些是一些国家内部的项目和会议。

这里是近年的一个例子。自 2010 年，我参加了美国 NCEE（National Center for Education and the Economy，国家教育和经济中心）顾问委员会的年会。每年都在美国的波特兰举行，这个会只有十几个成员，都是常年在世界上到处跑，但又各有所长——教育改革、大数据、职业教育、师资政策、学习科学、学校领导力……这些成员，都可以说是"项目缠身"，但是每年都乐意赴会，甚少有人缺席。

除了一天半的正式会议之外，个别交谈的机会非常多，有许多意想不到的收获。几年来，对于世界的变化，教育面临的挑战，大家的看法也愈来愈相近。有一些方面是愈来愈明显的。

未来社会，已在身边

第一个题目：社会变化。社会的经济形态、生产模式、组织结构、个人的职业状态，都在急速变化；社会愈来愈个人化，教育愈来愈不能适应社会的变化，这是我一直以来的观察。多年前，我的观察，其他成员觉得新鲜，但是没有真实的感受。近年，却几乎成了贯穿所有议题的主线索。

一方面是不管各自的专长范围，所做的事，都被迫要应对社会的挑战。教育改革，几乎是所有国家发展的主题。数年之间，美国各州的教育改革可以说是遍地开花，而且加进了不少国际咨询。来自瑞士的 Ursula Renold，近年成为职业教育的红人，被许多国家邀为顾问。她的观点：专门化的职业教育，目的不在乎瞄准就业，而是让学生提前进入社会，作为学习的重要历程；深入一门专业，可以让年轻人获得许多"可转移"的能力，主要是一些"软能力"（态度、韧力、解难、创新等），利于转行、自雇。可以看出，职业结构比较固化的瑞士（一份职业从一而终的占多数），也在发生根本的变化，机构与职业都不再稳定。而 Ursula 的功劳，在于给予"职业教育"新的内涵。

这与 2016 年香港教育倡议《Education 2.1》（教育 2.1）提出的"大教育"概念，即让社会为学生提供种种体验式的实际经历，可以说是不谋而合，虽然形式很不一样。同样是让学生提早进入社会，不同的是，瑞士是以职业教育为本体，从中得到普适性的学习；中国香港则以普通教育为本体，学生可以涉猎不同的社会经历。同样是动员社会上的各种力量，创造现实工作中的学习机会，不同的是瑞士有政府与雇主之间形成默契的传统，中国香港则靠民间自发，而且超越工商业机构。

第二个题目：与会者自己的下一代，也在切切实实地经历着不一样的生涯。闲谈之中，知道与会者的子女，大都大学毕业，但都"不务正业"——有经济学的高材生，打算以篮球为主业（但这不是美国），同时接办零散的精算项目；有学舞蹈（芭蕾与现代舞）的，演出、教舞之外，还在准备创业；也有子女只是间歇性工作，基本待在家"啃老"；还有子女不断转工，连父母都不知道他们的现况……从与会者口中，可以感觉到，这已经是他们社会的常态，一位与会者说："下一代会觉得，我们那种固定职业的概念，很不可理解。比如说，他们从来不会考虑将来退休后怎么办，觉得这是我们老人很奇怪的思维。"

与会者毫不犹豫地一致认为，未来社会，已经在身边发生。我们以为是明天的，已经属于现在，"tomorrow is now"（未来已来）。而我们的教育，还在斤斤计较昨天才需要关心的事情。

人机关系，忧喜并存

第三个题目：科技发展。会议中不断出现的话题，是科技发展。聚焦于人工智能与大数据。很容易出现的议论是——人类是否会被机器替代？

没有争议的是，现在普遍同意这样的说法：一些简单的操作性工作，人类一定会被机器替代。有关教育的推测就是：（1）纯粹记忆性的知识传授，一定会逐渐减少，甚至消亡；（2）教师要是停留在传递以供记忆的信息，教师的角色也会被替代；（3）科技的进展，有利于个人化、个别化的学习，学校这个概念将会受到冲击；（4）学生的学习，应该在高一个层次上，着重分析、联想、创新等。

与会者之间的分歧，在于对于这样的前景，是乐观还是悲观。悲观的想法，是教育将会被瓦解。乐观的想法，则是人类有许多方面，机器一定不会模仿。悲观的一方，认为总有一天，机器能够有人的情感、创意、梦想……乐观的一方，又会认为过去的教育，让人类创造了人工智能；教育必能进一步让人类更聪明地使用机器。

我提出，科技的影响，还应该从大数据的方向考虑。比如大数据促进的社会"去中心化"，因而形成的共享形态——共享经济、共享社会。其实与会者反映，相当普遍的"共享单车"，迅速蔓延的"非货币化"，不断延伸的"共享办公室"，都是不可逆的共享形态的萌芽。美国和许多欧洲国家，"在家办公"，已经是普遍的另类工作形态。就 NCEE 而言，经常有 30% 的人员不在总部办公。在芬兰，甚至也有 20% 的公务员在家或者外出办公；需要的话，公务员可以在网上预约政府提供的共享工作空间。

年轻年长，起点各异

据我观察，在座者大多数年长，难免带着过去经历的包袱来看待未来。他们着意的是："将来与现在会有什么分别？"（当然，所谓现在，也许已是昨天）。21 世纪出生或者长大的年轻人，他们没有上一代的包袱，想法会很不一样。不一样的社会、迅猛发展的科技，在他们看来，是理所当然的、不在话下的常态。他们的起点是今天，他们已经生活在未来。

刚好在座的有几位 NCEE 的工作人员，都是洋溢着青春气息的年轻人，平时不发言。大家邀请他们表达自己的看法。简短的即兴发言，已经可以感受到完全不同的话语。其一，不断追赶科技的发展，对他们来说，是生活常规。其二，普遍的乐观态度，后悔、惋惜、沮丧，好像都不是他们的话语；不断跌倒，爬起再走，也是常态。其三，有点意外，他们对于软性的"能力"，比年长的更加敏感，所谓"社交与情感素质"，在年长的一辈，是理想中的教育目的；在年轻一代，已经在经历个人化的社会，习惯在社会浮游，因此坚强、忍耐、合群、包容、创新、好学等，已经是他们生存的必需。他们的思维空间与思维方式，与年长者很不一样。

如此看，对于年长一代，过去与现存事物的合理性，容易充塞他们的思想空间，而完全不同的、比"现在"大得多的未来天地，就不容易进入他们的思维。他们的挣扎，也许是年轻人没有的。

以上这些问题，都会在本书中重复出现，展开探讨。

原载《信报·教育评论》（2018-07-13）

Chapter

02

社会变了

后工业社会形态

因为世界银行的一个项目，我一年内两次到了斯威士兰（Swaziland）这个非洲小国。这里，香港的电话漫游不了；酒店的电话打到香港一分钟要十美元；本地的电话卡不够打一个香港电话。电邮奇慢，往往十分钟才能打出一封电邮。紧急的事只好回到电传（传真）。不禁想：以前没有这些"数码玩意"，我们是怎样生活的？我又做不到洒脱地"谴责"现代科技，只好继续挣扎！

说起来，无线的电话网络与电邮，再加上更早流行的电视、电传，可以说已经遍及世界每一个角落。有个说法是现代科技造成了新的社会分化，所谓"数码分化"。我觉得只是说对了一半。就算斯威士兰，人均 GDP 只有 5200 多美元，即使在农村，教师们人人用着手提电话，反而地线的电话用得少。路边看到的工人、农民，也都在使用手提电话。当然，科技更发达的地区，与科技不发达的地区，还是差异很大，但是人们的沟通、社会的互联、跨国的交往，日益频繁，已是不争的事实。而且，也是这次项目的其中一个发现，许多科技不发达，不缘于科技本身的落后，也不缘于资金的匮乏，而是缘于人们意识的滞后。或者说，假如人们的意识发生转变，所谓落后经济与发达经济之间的差异，其实是不难缩小的。这也是斯威士兰周边的国家，像博茨瓦纳、纳米比亚、莫桑比克近年经济提升的基本原因。经济的竞争，其实是人们意识的竞争。

斯威士兰的工业经济规模不大，最大宗的，一个是蔗糖，一个是制衣，还有就是半工业性质的林业。这次有机会看了蔗糖厂与制衣厂，我深深感到，即使在工业还很不发达的社会，后工业社会的种种形态，已经不知不觉地在全社会渗透。

我访问的斯威士兰两所蔗糖厂之一，就是一个非常生动的例子。这个糖厂每年生产 45 万吨蔗糖，在世界上规模不算大，但是几乎全部出口，在斯威士兰，是很了不起的工业部门。在最近几年里，这家工厂发生了许多主动的变革，可以清晰地看到制造性的工业走向后工业形态的历程。

这里每吨蔗糖的成本是 12 美元，虽然是先进的巴西的两倍，但是全球比较还是属于高效率的。为了降低成本，在国际市场上竞争，这个厂在最近五年内，把雇员数目从 6000 多人减缩到不到 3000 人。

第一，减缩的其中一个方向，是自动化。以前一二百人的一个车间，现在只有 3 个人在控制室工作。一望无际的蔗田，早期是靠人工灌溉，后来改为自动洒水（但是仍然需要大量人员监察）；现在逐步改为地底滴灌，几乎完全自动化。直接参与农业和工业生产（即在"生产第一线"的工人）的人员愈来愈少，这是后工业工作形态的一个特征。

第二，减少长期工。这近 3000 人之中，不到 1700 人是长期工，其他都是季节性的临时工。对一个小国家来说，如此大的工厂很有代表性：即使是聘人最多的工厂，职位也只会减少，不会增加。这是后工业形态的又一种特征，工业化可以为国家带来税收，但是并不带来更多的就业机会。正规的就业机会只会愈来愈少。换句话说，年轻人的意识，必须从消极地寻找就业机会，转为积极地为自己创造生机。

第三，在减员的过程中，许多收割、运输、膳食、保安等部门都由外面的机构承包。因此从全社会来说，减缩下来的职位并没有完全消失，而且工厂优先让被裁的员工承包服务。然而，负责承包的一般是小公司，里面的人员需要一点营商、财务和管理能力，与原来的蓝领工人相比，素质要求很不一样。或者说，"外包"的过程，引起了人员素质的革命，也对人员的教育提出了新的要求。

第四，长期工之中，属于种植部门的农业工人大约 1000 人，产业工人（包括维修）有 300 人，其他 400 人属于管理与服务部门，包括行政、财务、人力资源，另外也还包括为当地服务的，属于"社会责任"（corporate social responsibility）的幼儿园、医疗所、足球队、图书馆等。这也是后工业形态的一种特征：制造业性质的部门不断减缩，服务业性质的部门不断扩张。同样的，整个工厂的人员的知识构成和教育要求变了。

第五，这个工厂有非常完备的内部培训、晋升和继承计划，一直实施得非常成功。他们的人力资源发展机制，其完备与细致程度，令人咋舌。但是，最近一两年，人力资源的围墙被攻破了。比如说，一位自己培养的得意人员，在准备晋升成为信息科技部门领导的当儿，被邻近一个国家挖去当电讯公司总裁。于是工厂被迫违背"本地化"的政策，申请聘用外国人员。一个单位、一个国家，要防止人员流动已经徒劳。

最后一点，在斯威士兰不过是冰山一角，它与邻近国家的学生和人员的跨境流动，已经非常频繁。近年许多斯威士兰的有经验的护士，被吸引到英国工作，工资可以增加接近 20 倍；斯威士兰本身却出现了护士荒。在艾滋病遍及率 38% 的国度，医护服务是何等重要。怪不得有部长提议向英国索要赔偿。

以上只是从一家工厂作一点观察。可见后工业社会是一种全球性的形态，涉及经济、工作、生活、意识等各个方面。不论是什么程度的经济发展，也不管是怎样的社会文化，这种形态正在不由分说地横扫全球。这就像是在工业社会的高峰时期，它的经济、工作和生活形态，也深深影响到工业化程度很低的农业国家。在社会互联的程度迅速猛升的全球化过程中，这种后工业社会的形态，会传播得更加迅速。

原载《信报·教育评论》(2006-08-17)

后工业时代的
传统工业

上回提到斯威士兰的蔗糖工业逐步现代化，雇用的前线工人愈来愈少，服务性的人员却不断增加，整个工厂需要的人员教育程度愈来愈高。因此，这样的工业，虽然为国家带来不少收入，却不会带来更多的就业机会。

在斯威士兰同时存在的制衣厂，却是非常传统的工业。我在这里参观了两家制衣厂，与去年在莱索托看到的差不多。一家1500人，另一家4000人，都是我国台湾老板，都是在世界各地设厂的大企业。主要的工序是车缝，占了最大的车间。前线工人一律是本地人，每条生产线35～45人。组长也是本地人。上面的监工却一律是来自中国大陆的，基本上来自上海，也有来自河南、四川的。据主管人员解释，本地工人很难掌握技术管理，他们的说法是"他们脑子里面没有概念，因此要在中国大陆聘请在制衣厂工作过的熟练工人"。

当然，这也与所聘的工人的素质有关。当地聘的工人，不需要任何学历，但是工资不算太低（一个月接近200美元，大约等于教师工资的一半），而且没有其他合适的就业机会。因此，与其说这些工人难以提升，不如说聘用的起点就低，而且没有晋升的机制。在机场刚好碰上一位回乡的"监工"，也是制衣厂的，来自江苏农村一家300人的小型工厂。他的工资是400多美元，"不过现在国内工资也涨了，不如回去！"他的说法是："这里工人效率不高，教不会，国内的工人效率要高得多；这里的机器又旧；还有人偷东西，每天总有二三十条裤子不见了。"见他普通话都说不好，好奇问他如何与工人沟通，他说："我们办公室有女孩子专门替我们翻译。"连这位江苏老乡都说："这里的生产其实非常原始！"

事实上，我在车间听到的、对讲机里面的都是普通话。墙上的布告都是中文，连办公室看到的文件，都是中英对照。前线工人与技术人员，形成了两个几乎互不相通的阶层。

从投资者的角度来说，这是效率问题：本地没有提供人才，自己去培养，速度慢而且成本高，倒不如从中国大陆引进。保证合用才聘用。事实上，他们觉得有苦衷，只好用其他的捐赠或者社会建设回报当地社会。

但是如此一来，就把当地的第一代工人封死在体力劳动的底层了。在工业社会的全盛时期，这不是问题，许多人就是一辈子当工人，因为操作性的体力劳动工作源源不绝。但是在全球的后工业化过程中，这类的比较原始的制造工业会越缩越小。就像斯威士兰的制衣业，完全是因为输美纺织品的配额而出现。目前由于美国的

AGOA 法例（*African Growth and Opportunity Act*，《非洲增长与机遇法案》），非洲国家产品可以优惠免税输入美国。美国正在收紧这项法例，首先很可能是要求原料也来自非洲。我访问的一家工厂，原来的布料大部分来自中国，就正在投资当地织布、染布，还打算在当地重新种植棉花（因为英国操纵压低国际价格而在多年前停产）。但是，人们都担心，甚至当地的政府都担心，很可能美国会全面取消AGOA 的非洲优惠。那时候，斯威士兰的制衣业投资必然全面撤退。

也就是说，斯威士兰的前线制衣工人，他们的职业是不会长久的。他们一辈子当前线工人的机会是不大的。工厂的前途未卜，这些工人很可能失去工作，他们的生活就无以为继。目前不需要技术而收入不错的假象，把他们麻痹了。他们也没有进修的上进动机。政府也满足于工厂创造了就业机会，而没有动机去提高这些工人的技术。结果，在这些工厂撤退的时候，斯威士兰将一无所剩：既没有了职位，也没有可以转换的技术。

这对于规划斯威士兰的教育非常重要。目前它的小学入学率很高，但是辍学率也很高，也就是中途退学的很多，只有少数可以完成七年的小学。初中入学率不高，高中入学率奇低。目前这些制衣厂养了接近四万名工人（这在一个 110 万人口的国家，可是一个大比数），因此政府感受不到失学儿童的压力，因此不太着意改变中小学的现状。政府也不在意发展职业培训，因为稍有技术的职位都被输入的人才占了；政府根本没有培训技术人才的动机，因为表面看来，目前没有这种需要。

所以，虽然这些工厂都是善意的投资，但是这些比较原始的生产机构，仿佛在斯威士兰形成了一层绝缘膜，让许多应该发生的教育发展都没有发生，而人们还懵然不觉。在后工业时代，长远来看，这些比较原始的生产其实阻碍了社会的发展。这些工业迟早会被淘汰。假如国家的教育不能尽早为人民的未来作好准备，将来会付出很大的代价。

其实，中国内地也会存在同样的危机。现在的社会周期更新很快，一代人就可能经历几次巨变。现在中国号称制造业强国，在庞大的制造业经济里，其实层次很不一样。在可见的年代，许多比较原始的、知识成分不高的工业，很快会失去生存的机会。不过中国地大，落后的工业总有退却的地方，因此消亡的过程也许比较长，但是总是逃不过后工业社会进展的全球浪潮。假如不能趁现在把握机会发展教育，让年轻人掌握应对未来世界的能力，将来的代价也会是很大的。

其实，香港也只不过是五十步笑百步。香港目前有不少青少年是被教育制度遗弃的，因此在社会上不能立足。这是他们的错，还是教育制度的错？然而，教育制度对于筛掉这些"能力不逮"的学生，至今乐此不疲。香港今年出现了不小的中年失业的人口，他们许多年前接受的教育，可以让他们在旧的工业社会就业，却不足以让他们在转变了的后工业社会里立足。

教育，绝对不是可以自生自灭的事业！

（本文写于2006年，后半部分描述的中国工业生产的转型，在这十多年当中已经戏剧化地发生了。）

原载《信报·教育评论》（2006-08-24）（经修订）

蓝领的空间是
怎样失去的？

香港的经济，占主流的是服务经济。它的发展特点，是个别化"对口服务"的成分愈来愈高，工作的"知识含量"愈来愈高，因而对前线人员的知识要求也愈来愈高。个别化服务的孪生兄弟，是机构内部服务的社会化，亦即"外判"（外包），也令提供服务的机构需要摆脱一律化服务，"对口"为不同的对象提供个性化服务，同样也提高了对前线人员的知识要求。

"一站式"与"一条龙"

服务行业出现的其他新趋势，也会朝向同一种发展方向。香港新出现的一些联盟式服务，例如产妇中心、牙科中心、辅导中心，就是一个例子。它们的特点，是为客户（或曰服务对象）提供"一站式"服务。理想的产妇中心，可以为产妇提供医生、药物、多种检验、多种化验、心理辅导、产前产后锻炼等，产妇需要的服务，在一个中心中，一应俱全；牙科中心可以把不同种类的专科、技术服务集中在一处；辅导中心可以把不同种类的辅导以及与辅导有关的后勤服务，也集中在一处：都是提供"一站式"服务。

这种发展的特点是，以前客户要到许多"站口"才能获得完整的服务，现在则是在一个"站口"就能取得各方面兼顾的"总体服务"。其实也就是超级市场逐渐取代小商店的发展趋势。在这种联盟式服务的机构中，最基层的后勤工作，原来是单一化操作的，现在也需要支持多元的专业运作，要适应服务对象的多元需求。对于基层人员的知识要求，也与以前不一样。

与"一站式"服务相对应的是"一条龙"服务。也就是在设计、制造、包装、运输、送货、使用等从供应到消费的过程中，尽量减少中间环节，既减少了成本，也提高了服务质量。这也就是广义的"物流"概念，或称"门到门"服务。举个例子，一间在深圳的工厂，为计算机制造包装纸箱，工厂不再只负责制造，而是包办设计、制造，在制造过程中不断吸收新的理念，改造设计，包装的质量就不断地提高。在这个过程中，工厂中要动脑筋搞设计的人多了许多，按图纸制造的人员相对减少。再加上计算机的品种很多，但是每个品种的产量却不太大，更加导致设计人员的比例增大。而且由于与生产密切联系，设计改动的频率非常高，设计人员的工作强度远远超过单一的设计公司。同一间工厂，有特备的运输设备，保证在计算机产品完成前的三小时，纸箱准时到达计算机工厂，马上装箱；纸箱完全不需存货，又省去了存仓的环节。

操作成分，不断减少

这只是一个很小的例子，但是到处都是相似的发展趋势。足以令我们惊醒的是，即使是制造业，即使是其科技程度不一定太高的工厂，由于生产形态的变化，工作人员中操作工的比例将不断下降，对工作人员的知识要求不断上升。

当然，科技的发展，更加促进了生产形态和工作形态的转型。许多读者也许听过，最近几年出现所谓"实时出版"：一本书，编辑好后先不印刷，待到有人买的时候，在客户所在地（其实是离客户最近点），实时逐本印刷、装订、出售。这就省去了出版者与读者之间的许许多多的中间环节。由于科技的发达，这样的出版过程，比起大量印刷、出版地存仓、运输、出售地存仓、门市等，要节约很多成本；不会出现滞销、缺货的现象，也为读者节约许多时间。可以说是最戏剧化的"门到门"服务。但是值得注意的是，在这个过程中，所"节约"的，大多数是操作性的工序。假如"实时出版"逐渐普遍，可供蓝领就业的工作又会减少，而这个趋势看来是不可逆的。

以上趋势，其实不必刻意寻找，随手拈来，俯拾皆是。工业以外，商业更不用说。香港99%是中小企业（100人以下），大多需要头脑灵活、善于应变、善于交往、善于学习、"一脚踢"式的白领。而占少数但是实力雄厚的，可以左右潮流的大型公司（包括投资银行、顾问公司、会计师行、科技公司等），采取的是"一个客户、一个小组"的小单位形式，其中的前线工作人员，也同样需要善于思考、善于创新、善于合作、善于学习。

经济好转，就业好转？

摆在我们面前的形势已经非常清晰，一方面，旧式的蓝领，空间愈来愈少，或者也在转型；新型的蓝领，也需要旧式白领的知识水平和学习能力。另一方面，原来知识分子从事的工作，要求不一样了，旧式的白领也会逐渐失去他们的空间。

这样来看目前香港的就业危机，也许结论会不太一样。也许有这么一种想法：现在的失业，是经济低潮所致；经济回升，就业情况就会好转。假如上述的观察有一点道理的话，也许对就业情况的前景，就不能过分乐观。

又听过有关百货公司的故事。许多曾经显赫一时的大型百货公司，20多年前开始变革。旧式的组织结构、服务方式、服务态度，逐渐遭到淘汰。一大批原来担任部长职位的员工，高中毕业，当年算是学历不错，由于不适应新的形势，只能转到低一个层次的百货公司工作。时移势易，低层次的百货公司，或则因不敌竞争而倒闭，或则为适应竞争而改革，这批原来的百货元老又一次被淘汰。他们由于不懂英文、不懂普通话、不懂计算机，于是加入了失业大军。

经济形势好转，只会令这一类的失业者更加没有就业机会。新发展的行业，新出现的就业机会，一定是对知识和学习的要求更高。不能期望旧式的生产方式、工作形态会卷土重来；若果真如此，将是香港经济的末途。

再想深一层，香港目前的危机，包括经济危机与就业危机，是否真的完全由于外部经济环境的衰败？外部因素固然是明显的，但是，是不是也有内部的致命因素，使得香港的经济下滑如此严重？假如有的话，这些内部因素，又会不会使得香港的经济回升更加困难？

所以说，教育危机，是香港的一个总体危机，而不是一个部门的危机。

然而，这里与读者探讨的，大体上还只是数量与结构上的问题。知识社会的来临，绝不是多一点知识分子那么简单。

（此篇写于2008年，受世界经济危机牵连，香港出现比较严重的失业现象。其实，那并非一般的数量性失业，里面隐含着结构性失业；即使经济复苏，也不会回到之前的职业形态。）

原载《信报·教育评论》（2008-03-02）

不一样的机构形态

现在年轻一代，他们的职业前景，或者说工作期望，与我们20世纪长大的，已经大相径庭——不对口就业、频繁地转工转行、不讲究长期就业、不想打工当雇员、向往个体创业、不满足于一份职业而兼顾多项工作（所谓斜杠一族）、习惯于暂时失业、不介意没有工作等。因此他们对职业的观念，与上一代很不一样。

上述这些现象，在社会上已属于常态。但在教育界，也许还会觉得陌生。前些年，提出这些观察，有些朋友还会觉得这些都是"不幸"的现象，会认为这是因为社会上就业机会不够，又或者认为是浪费了大学的资源，更有责怪现代年轻人不济、败坏、变态。

我认为，这是把今天的年轻人，放在一个昨天的社会来考虑。今天的社会、今天的机构，已经变得很不一样。

首先，过去十几年，香港的机构已经变得愈来愈小。一般来说，香港大概有30万个商业注册的单位（也可以说是30万家"公司"），其中99%以上是100人以下的中小企业，这毫不意外。但是，许多人也许不知道，这30万个单位里面，94%左右是20人以下（即1～19人）的小公司；更甚少人注意到，30万个单位里，87%左右是10人以下（即1～9人）的微型公司。

小型机构，成为主流

这彻底地改变了大学毕业生的就业意向。以往，绝大多数的毕业生向往大公司。不怕暂时与很多人共享一间办公室，希望迟早会有自己的办公室，进一步会有楼上的办公室，再进一步有自己的秘书……现在，机构都变小了、扁了。

为什么？因为工业社会顶峰的时候，特征是大规模生产，或曰大量生产。我大约十年前在南部非洲莱索托还看到过这种情形：一家制衣厂，前线工人5000名，每个人都在做着非常简单的操作，通过明细的总体设计，经过生产线的分工流程运作，完成一件较为复杂的产品，于是大量生产。一条生产线，45～50名工人（这也许是传统工业的常规），于是就需要100名管工；也就需要管工上面的管理人员；一层一层，直至助理工程师、副工程师、总工程师。于是需要一个金字塔型的机构组织——很多部门、很多管理层次。也就是马克斯·韦伯称为"bureaucracy"的机构组织，中性的翻译是"科层架构"，负面的翻译是"官僚架构"。

今天香港的公立医院，一进门就会有一张醒目的流程表，从分流、候诊，一直到预约、缴费、领药。每一名病人都要经过每一个部门，每一个部门要面对每一名病人。这是工业社会典型的明细分工的结果。

现代机构，讲究的是个别化服务、个性化产品、量身订制……讲究的不再是大规模生产，而是所谓"少量多款"。

对消费者来说，这是生活素质的提高；对生产者来说，现在不再是为了满足需求，而是要营造欲望。许多人家里有许许多多的鞋子，并不是为了需要。现在很多人有许多手表，甚至许多副眼镜，也并非因为需要，而是一种欲望的体现。同样的一个款式，即使是名牌，生产成千上万，在市场上泛滥，谁会买？那是市场毒药。

少量多款，现代模型

因此，规模效益，已经不是机构考虑的重要因素。香港的美心饮食集团，以前专攻粤菜，都叫美心。一样的菜单、装潢、服务，吸引无数常客。今天，据不完全统计，美心在香港起码超过600家店，大多数不叫美心，提供的除了中国各种地方的菜，还有琳琅满目的外国菜，还有包括饭店、咖啡店、早餐店、快餐店、蛋糕店等各种饮食店；全国大约900家店。这是"少量多款"的典型。

30多年前，我到伦敦念书，带了一个小电饭煲。那时候，电饭煲只有一款，都是乐声牌，只不过有大与小两种。现在的电饭煲，全球何止几百种。据说烧出来的饭会不一样，但是很多人买新的电饭煲，不是因为旧的坏了，而是因为新的在外形、设计、功能上有新颖的地方。很多人换手机，不是因为旧的不好用，而是要"追上潮流"。而潮流，不是应消费者的呼声，而是生产者的创新。创新的理论，说："Customers don't know what they want!"（顾客不知道自己要什么！）

于是，金字塔型的科层，逐渐让位于"一站式""一对一"服务的单位。大单位，像大型的投资银行、会计师行、科技公司、顾问公司、律师行、媒体公司，甚至工程公司，都是采取"一站式"的小型单位运作——一个客户，一个小组对口服务，是一个个的"客户组"。这些一站式的客户组，都是临时的。一个项目完了，也就解散了。随着生意的变换，这些单位的聘用，也往往是短期的。在这些新型的机构里面，只有很少的层次，大多数雇员不属于一个部门，而属于一个按照市场分工的大范围，例如"亚洲区"，而不是明细分工的部门。

例如，投资银行，初入行的是分析员，工资不低，但是只有两年合同，两年以后往往是"非升即走"。这些公司，也许寿命会长些，但是那些职位是没有保障的。其实，现在大多数的职位都是合约工。一年、两年的合约，是家常便饭。

机构莫测，职位飘忽

更多的机构，本身就是小单位。现在许多青年创业的，都是小公司。三五个人就成立一个小单位，开始运作。这些小公司，并不一定有长远的目标——或则因为试验失败，或则因为市场的转移，或则因为有更新的天地。问过不少以科技起家的年轻小公司的创始人，"如何才算成功？"答案是"有人愿意收购！"因此，一家公司关门，并不意味着生意失败，往往是创始人主动转型。所以，单位不只是小了，也扁了（因为没有了中层），但也脆了（不能说脆弱，因为有许多时候，"脆"并不一定就是"弱"）。

香港在 1973 年开始做人力预测，在当时是先行者。大致的做法是所谓"雇主意见调查"，问雇主该公司当时的人力结构，再问估计两年、五年之后的人力需求。今天，问小公司，雇主自己有时候也说不出两年以后会怎么样，更遑论五年。问大的现代式公司，雇主一样无法匡算自己的人力需求，因为职位的多少，是很不稳定的。

说了这许多，与教育有什么关系？这与前文提到的年轻人的职业观息息相关。以前，大多数机构是稳定的大单位，他们给予雇员保障、期望，这也是机构本身稳定发展的重要因素。现在机构和职位都变得不稳定了，我们如何指望年轻的雇员对于机构有长期的承诺、依赖、忠诚？

也就是说，年轻人对于职业不再如以前那般在意，他们对于机构再没有以前的归属感，是有客观原因的。他们所处的客观现实，塑造了他们的职业观、成功感、满足感、幸福观。放大来看，他们感到需要突破、常新、挣脱，不刚好是时代的需要吗？

对于这些，我们的教育，有注意吗？感到有适应的需要吗？我们的家长，往往还停留在狭窄的思路——"上幼儿园为了升小学；上小学为了升中学；上中学为了升大学；上大学为了找好工作"。这样，是真正为下一代应对他们的未来吗？我们对得起他们吗？

然而，这却是有些社会决策者的基本思路。现在西方的学前教育，流行的说法是为了"准备就学"（school-ready）。美国还有不少说法，宣传中小学应该"准备升大学"（college-ready）；也有宣传大学应该"准备就业"（career-ready）。这与社会的发展形态太脱节了。

原载《信报·教育评论》（2018-11-30）

教育之变

新一代的职业观

在香港和内地有关大学招生的议论经常出现。提出大学招生，往往只是希望改善大学招生这支"指挥棒"，略为放宽，让学生在考试成绩以外的表现，也得到考虑。一则让更多类型的学生可以进入大学，二则让中小学多类型的学习活动得到鼓励与发展。

背后的理念，并不是老生常谈的反对"一试定终生"。社会变了，对于教育的期望也变了。这里把这个理念，再次阐述一下，请读者耐心赐读。

不难看到，今天的年轻人，他们的职业途径，与 20 世纪的典型职业途径，很不一样。今天，"对口就业"——也就是"学什么做什么"已经不是常态。在香港，医学院是唯一例外，即使是非常专业的法学院、工程学院，毕业生也有相当一部分没有"对口就业"，也就是没有"入行"。以香港大学为例，近年 20% ～ 30% 的法学毕业生，没有从事与法律有关的行业；工程学院，约 35% 的学生没有入行。在美国，法学是大学毕业以后才念的，应该是经过深思熟虑的，超过一半毕业生没有入行。

用非所学，已是常态

有些朋友，想当然地认为这是"他们找不到职位"，又或者"香港的工程师没有出路"。但是，问问年轻人，他们会觉得工作的天地非常宽广，不需要局限在一个特定的专业。而看看他们从事的"不对口"的工作，又并非"落难"性质的"屈就"。

到底发生了什么事？社会上的工种已经变得非常多，大学毕业生有限的传统"专业"种类，已经显得狭窄。这又有几种不同的情况。

第一，有些专业，往往受到另类专业的垂青。例如物理专业毕业生（尤其是博士生），往往成为新兴金融技术的物色对象。这也许不是大多数，但却是理直气壮的"不对口"。

第二，不少行业，表面上技术性很强，但是实际上，或则需要的技术在工作中比较容易上手，或则在大学所学迅速陈旧，又或则工作所需超乎技术。专业知识，并非工作上最重要的；或者说，这些专业知识的准备，并非入行的前提条件，甚至在大学里是无法学会的。香港最大的"行头"是金融行业（包括投资银行、零售银行、私人投资、保险、会计师），大部分如此。一位跨国大会计师行的合伙人，在香港接受访问时说："不要误会，以为我们做审计就是会计。论会计的技术，我可以在几个月内让一位新手拿到公证。但是我需要的一是诚信（integrity），二是敏锐（sensitivity），那是我对大学的期望。"

第三，有些专业，本身课程设计得太狭，反而不符合专业的现实需要。已经有会计的大行，宣称他们不会聘用只学会计的毕业生。十多年前，由于教育改革，访问会计师公会，请对方真诚建议，大学里面应该教些什么，如何教。对方的答案不无震撼："别教！"哥伦比亚大学出名的新闻学院，多年前就有学院的课程建议书被教务会议打回去，理出是："只有30%的新闻课程，怎么可以称为主修？"曾经是著名报纸主编的院长反驳："要是毕业生只懂得新闻学，谁会聘用？"

工作期望，超乎专业

第四，有些工作所需要的知识与技能，是新兴的、非传统的、没有先例可援，需要工作者自己不断去学习、探索和创立。这些看来是挑战，却是不少年轻人所向往的。他们向往挣脱、突破、常新……

上述的"对口就业"，只是指大学毕业后第一份工作。之后，转工转行，已经是家常便饭。我曾不断提到过人们转工转行的频率。2016 年，澳洲一个匡算，一名公民平均一生会经历 15 份工作；2006 年，英国同样的匡算，13 份工作；同年美国劳工部的匡算，10.4 份工作（同样是美国劳工部，2002 年的匡算是平均每个人一生会经历 4.2 个行业）。

中国香港似乎没有这种统计。但是，在教育界以外谈到这种情况，听者都会表示也许香港更厉害，只不过不同的年龄段，会有不同的情形。最近有几次接受香港媒体访问，访问的人员，包括摄制队，自动报称每个人都经历了五六份工作，但都是不到 30 岁的年轻人。在上海，也是摄制队，这已经是他们的第三四份工作，也都是年轻人。在我到过的许多国家和地区，反应都是一样的。

所以，近年我在各地作报告，说：以往"一技傍身，一纸文凭，一劳永逸，一帆风顺，从一而终"的典型职业途径，俱往矣，此情不再！

这种情况，其实不是今天才发生，一次参加某大学工程学系1971 年毕业生的重聚，60 多人中，只有 4 人还在做工程。不过，那个时代，转工转行的频率不如今天，而且似乎能够转行的都是"能者"。今天，转工转行已是普遍现象。而且，留在一个机构长久的年轻人，人们会有点怀疑，是否"滞"住了，转不出去。（不得不说明，公务员与教师，到目前为止，似乎是例外。全球如此，我无意鼓励他们离职或转行。）

上面是讲"就业"，已经不太准确。他们之中，不少人不想打工，自己创业。或则数人合伙做生意、设立 NGO（非政府组织）、创立一个不为人所熟知的新行业。这样的机会愈来愈多。

以我所看到的，在内地，这种创业的空间，比香港要大得多，而且，他们比较灵活，可以随时因市场、科技、政策的改变而立即转型。听过一项调查，问在大陆搞"文创"的台湾青年，为什么选择在大陆发展，而不是台湾。答案很简单，"大陆随便一个新项目，都可以有很大的市场"。

职业形态，多元难测

在就业与创业之间，还有几个类别，可称为"职业形态"。第一类是"间歇就业"。往往是比较高收入的年轻人，打两年工，赚够了钱，去旅游；再打两年工，去非洲做服务……总之，赚了钱，就去做自己最喜欢的事情。对这样的子女，家长一定担心；但讲到这种情形，不论在什么机构、什么场合，旁边的年轻人都表示羡慕不已。

第二类是个体职业者，也就是没有一个固定的雇主，可以同时为很多人服务，但自己不属于任何机构。比较简单的如有关计算机的服务，比较尖端的如精算师。

第三类是同时从事多种行业（multiple portfolios），现在新的名称是"斜杠一族"。举个例子，一位芭蕾舞毕业生，固然是演员，也教学生，但是还会写艺评，替人家做活动设计（例如设计演出场刊、设计婚礼），也做一点投资。又参加了一个 NGO，偶尔到外国农村扶贫。她就是演员 / 教师 / 艺评人 / 设计师 / 投资员 / 志愿者，她的职业状态要用斜杠才能表达。

第四类是上述的混合：经常有一份"正职"，然后兼做一些自己喜欢的事。也有些退休人士，或者提前退休，也加入了这个行列。

不得不提，还有一类，是决定不从事任何工作的。日本叫"宅男"，国内叫"啃老"。有一些年轻人不愿意工作，就在家里闲着。他们有些是厌恶工作的机构，有些是不想面对复杂的人情世故，有些干脆就是提不起劲去做一点什么，也有尝试了几次终于放弃的。而现代的家庭，也往往可以容忍这种情况。有一次，谈起这种年轻人，一位世界银行的资深研究员，尴尬地说他家就有一位这样的青年。不想，在座的一位 OECD 的资深人员说："我家也有一位。"这说明，虽不至于普遍，但到处都有。须知，由于科技的发展，宅在家，足不出户，可以点餐、洗衣、交往、投资，毫无困难。

以上种种，也许读者早就很熟悉。但是综合起来，就会得出结论，今天的年轻人，对于工作与职位的看法，已经与我们所熟悉的情形很不一样。他们的职业观、成功感、满意感、幸福观，都与在20世纪长大的一代，很不一样。

为什么？我们很多朋友会对这些现象看不惯，不以为然。是下一代"败坏"了，还是我们落后了？

原载《信报·教育评论》（2018-11-23）

教育之变

生涯规划这回事……

参加了一个青年峰会，会上不少议题提到生涯规划。其中包括就业、理想、立志、高等教育等。其中也不乏一些纠缠不清的概念。这里是我的一些看法，会后加以整理，拿来与读者分享。

会上的不少青年与讲者，都提到中学后教育的问题。尤其是提到："读不到大学，也可以从事有意义的工作。"

这里面有不少的假设，值得厘清一下。首先，许多青年人提出问题的时候，最后都是问政府要答案与方案。实际上，青年人个人的考虑，与政府政策的考虑，会很不一样。个人考虑的是，假如进不了大学，怎么办？政府政策考虑的是，是否让更多的青年人有机会念大学（指有政府资助的学位）？

在青年峰会的场合，我比较着重个人的考虑，摆明了大学教育短期内不会发展。以现在的政治形势与决策形态，不可能出现教育体制的大突破。在看得见的将来，有能力而又有意愿进大学的青年人，仍然会有相当一部分被拒诸大学门外。

大学缺匮，可能持续

在这种情形下，中学生如何作准备？我的意见是：作最好的准备，作最坏的打算。在可见的将来，香港的教育，仍然会是一个崇尚竞争的体系。也就是说，是数量的淘汰，而不是真正的择优。这里面有学位不足的因素，也有社会文化的因素，即使是全香港的学生都在学术上非常优秀，也只有那么一定百分比的学生可以进入大学。因此，每一位学生，都要准备：假如进不了大学，会朝哪个方向努力？

如何作准备，是青年人个人的选择，父母、教师都只能够从旁协助。个人的选择，因人而异。但是中学毕业文凭考试的时候，假如考进大学是方案一，还应该有考不进心仪的大学时的方案二，考试万一失手时的方案三，等等。假如说中学毕业是生涯规划的第一个里程碑，那么多种设想、多种方案应该是第一项重要的策略。

备选方案又是什么呢？台上的讲者，不少劝说学生要愿意从事所谓"技术性的工作"。也就是劝他们，不要怕做一些体力劳动比较重的工作。理由是：这些工作，也可以取得高收入。这种劝说，不知道会有多少效用。从客观实际来看，体力劳动比较重的工作，能够持久的，愈来愈少。或则是因为市场变了，行业收缩了，公司倒闭了；或则因为生产方式与技术变了，需要较高学历的从业人员；或则纯粹因为工作的性质，青年自己觉得难以待下去；等等。这些都是天天发生的事情。

不忌劳动，不忘向上

因此，备选方案绝对不是一劳永逸的生涯规划，不是永久的"避风塘"。我们的青年人应该不忌劳动，眼睛向下；但却不应该甘于永远生活在时代的后面。这样说，并非要青年人不顾一切地"向上爬"。社会的不均，也许会长期存在，但是社会总是会有流动的空间；越是健康的社会，流动的空间越大。但是，只有具有向上心的青年，才会走通向上流动的路。会上常常听到的劝说是"行行出状元"，就需要"向上心"。状元的出现，是经过个人的参与竞争、努力奋斗、不断学习才做到的。更何况，现在的社会，"行"愈来愈多，只要努力，不难找到自己可以做"状元"的机会。

现在全球都在经受着前所未有的贫富悬殊。整个社会的不均，不可能靠个人去解决。但是在不均的社会中，青年人的"向上心"是社会流动的主要动力。假如青年人的期望，全部放在政府身上，纯粹等待社会资源的再分配，这个社会，就难以有真正的前途。有些社会，青年人习惯性地把前途寄望在社会施予的职位，甚至不高兴从事工作，就会成为社会危机。这样的社会，也就是不思进取、负债累累、陷入困境的社会。我们应该庆幸，香港不是这样的社会。

会上也有人说，应该多发展职业教育，而不是发展大学教育。里面的潜台词往往是："大学不是人人能念的！""现在人人都希望进大学，那是不切实际的。"也会有人说："以前中学五年，很多学生就已经念得很辛苦；现在要他们念六年，其实是非常勉强。""读了那么多书，还是赚那么几千元月薪，不是很浪费吗？"这几种说法，其实是一脉相承的。

大学教育，重在空间

我的反应有几点。第一，有这种想法，是纯粹以就业与收入来看教育。因此，很自然地，把社会上收入的金字塔，投射到教育上面：多念书，多收入；收入少，就是"书念得太多"，就是浪费。其实，教育的功能，需要用较长的时间来观察，才能看得清楚。所谓"屈就"，往往是暂时的。长远看，同样的职位，所需要的学历会愈来愈高，这是社会发展的常态（颠倒来看，却误以为是"学历贬值"）。没有较高的学历，就会被淘汰。现在社会发展非常快，放长远看，没有所谓"念书太多"的问题。同时，接受过高等教育，社会流动的机会也较大。

第二，又回到"对口就业"问题上。会上，不少讲者，包括青年人，都把注意力放在狭义的"学以致用"，以为在学校学什么，将来就做什么。也有劝说青年人要尽早立志，"找到自己的兴趣"，然后努力追寻自己的志向。因此，我对于"生涯规划"这个概念，很有保留。青年人立志要做医生，因此坚持不懈地朝着学医的方向努力，这是值得鼓励的（实际上，学医而不执业的，很少）。有些立志要做律师，也是可敬佩的；然而，法律专业毕业的，往往决定从事其他行业，不能说就是放弃志向。同理，工程师一定要念过工程，但是念工程而从事其他行业的，比比皆是。更不用说其他念心理学、历史、化学的，相当多从事金融、从商、创业、设计或加入 NGO。有朋友误以为这是因为他们找不到对口的职业，其实是他们觉得有更合意的工作可做。说到底，现在转工转行是家常便饭，所谓"对口"，顶多只是指第一次就业。

今天在念书的，不可能预见将来社会的发展，不可能预测将来就业和创业的机会，也不可能想象在将来万花筒一样的社会里，自己的兴趣与走向。在莫斯科，还会听到认为孩子最要紧的是尽早找到自己的志趣。我觉得这不只是不切实际，而且是在陷害孩子；假如他们对于自己的职业取向坚定不移，祝他们好运！

第三，念大学，并不等于"多读书"。读书，代表知识的获取，当然重要；但是大学是人生一种重要的经历。今天的大学生，很少会纯粹地"埋头苦读"，他们会参加学生活动、学生组织，到国外做交换生，到农村去体验，到发展中国家去服务；在香港，有实习、见习，参加扶贫计划、师友计划……大学给予青年人的，是人生难得的学习空间，毕业以后就很难再找到。香港有一个职业训练局，它下属的机构，也在刻意创造多元的学习空间。因此，扩展高等教育，是时代的需要。是否发展高等教育，不是看劳力市场的走势（反正这种走势也是愈来愈不可测），而是看下一代如何应对崎岖莫测、多元多变的生命长河。

（此文的大学入学情况，是指为文时香港的情况。）

原载《信报·教育评论》（2015-03-13）

毕业生的就业常识

毕业生就业的季节，电台上听到石镜泉先生讲毕业生的就业准备，勾起我酝酿多时的一个概念，无以名之，就叫"就业常识"，英文且称为 Career Literacy。提此概念的目的，就是让准备就业的毕业生，消除对于社会的一些误解，追上社会的变化，了解"就业"的真相。

15 年前，因为讨论教育改革，我突然醒悟：学校的使命，是为学生准备面对未来的社会。但是社会到底是怎样的？我于是着意观察学校以外的社会，不料却大吃一惊：社会变得已经认不得了！又发觉，我们在教育界，往往生活在一个相对封闭的、变化不大的小社会；对于外面的世界，或者懵然不觉，或者其实见闻颇多，但是没有联系到自己的工作。于是，对于毕业生的就业，就有许多假设，而这些假设，有些已经不再成立，大家仍是在"想当然"。而"想当然"的，往往不止于教育界。家长和从政的，即使是对社会的全貌很有认识，但是一碰到教育，又回到这些假设。这里就我的浅窄见识，寥举几条。

假设一："有了学历，终身受用"。学历这东西，不可没有，但又不大可靠。一则，学历只能够代表你过去学了什么，不代表你将来的学习能力。二则，只代表你在学校环境下的学习能力，不代表你在实际工作中更广义的学习能力。三则，只知道你在死板的知识上有收获，不知道你对于人情世故能否应付。四则，学历会不断贬值，难以支撑 35 ～ 40 年工作期间的期望值；工作了 10 年以上，谁还会斤斤计较你的学历？五则，转工转行成家常便饭，学历基本上只能管第一次就业，作用非常有限。六则，同样的学历，职业遭遇可以很不一样。所以，学历再也不能保障一个人的终身成功。

假设二："没有学历，没有关系"。学历的作用有限，但有学历与没有学历却有天渊之别。这也是为什么要扩展高等教育。没有学历，可以就业一时，却不能有持久的工作，随着时间的推移、社会的发展，面临的就业困难只会愈来愈大。要想想 15 年、20 年、30 年以后，新的一代，愈来愈多人拥有学历，你若是没有学历，就成了社会流动的绊脚石。有了学历，固然不可故步自封；没有学历，千万不要停下来。愈来愈多的年轻人，原来没有学历，但是通过种种终身学习的机会，甚至通过业余自修，终于获得学历。

假设三："学以致用，对口就业"。"学什么，做什么"，已经不是主流。没有念过大学的人，很可能要从事操作性的体力劳动，与学校学的，关系不大。念过大学的，对口就业是少数（医科例外）。尤其是服务行业，基本上不需要对口，聘人看的是"人"，而不是这人有什么学识。大行业如金融，绝大部分从业人员没有念过金融、经济、会计。

假设四："一技之长，跑遍天下"。这是旧式职业教育的致命伤，但是至今大多数政府都还迷信这个理念：发展职业教育，就能促进就业，从而促进经济。一技之长，如何面对科技的迅猛更新，知识的瞬时陈旧，人脉的急速更替？职业教育，利于学习实时应用（just-in-time）的知识与技术，应该是提供不断学习的机会，培养不断学习的能力。也许应该说，需要一技之长，但是这"一技"，需要不断转换，需要不断学习新的"一技"。

假设五："机构要大，付托终生"。工作机构，规模日趋细小。近20年，香港的注册公司，100人以下的，占了99%；20人以下的，占了94%；10人以下的，占了87%。30万个注册公司里面，超过1000人的，只有110家。毕业生要作好准备，极大可能会在小公司里面开始自己的工作生涯。小机构优点是灵活，可扩可缩，可生可灭；但对雇员来说却是极大的不利。平步青云，甚至平稳度过的工作生涯，已经愈来愈少见。即使进了大机构，部门的扩与缩、人员的增与减，也会变幻无常。机构对于雇员的责任，止于合约，再也难以回到家庭式的宾主温情。

假设六："忠心耿耿，从一而终"。不论是对雇主，还是对本身的专业，有时候即使你忠心耿耿，也未必有机会让你从一而终。2016年，澳大利亚有一项匡算，每名公民一生要经历15份工作。2006年，英国估计每名公民一生要经历13份工作。同年，美国是10.5份工作。更早一点，2002年，美国劳工部的推算，美国公民一生平均转行4.2次。不管是主动的另谋高就，还是被迫的解雇，环境会逼着你换工作。即使是同一份工作，甚至同一个岗位，工作的性质、技术、人脉、市场、环境，都可以变得完全陌生。同时，间歇性的失业，或曰"待业"，已经几乎是常态。

假设七："工作越久，收入越高"。这是经典教育经济学的基本假设，也就是说，譬如念过大学的，其终生收入就会高于没有念过的。这种过去的常态，也已经不再。由于社会的变迁、劳力市场的波动、个人职业的变更，工资与工龄的正比例关系，已经所余无几。年轻得志，享受高薪，并不等于一生高薪。年少高薪，说不定那是一生最高的收入，说不定还会有间歇性的"零收入"。但是年少高薪，养成了阔绰习惯，又不善积蓄，也没有了机构的福利保障，生活难免会遇到极大的挑战。

假设八："就业保险，创业危险"。这是大多数家长的想法，很多年轻人已经不是这样想了。一则，"就业"已经没有了真正的保险，论风险，就业的风险可以一样大，而且就业的前途不是由个人来掌握；并不是说，只要我努力一下，就能平步青云。相反，创业，在我手里，可控。二则，创业看来风险很大，因为没有了机构的屏障，但是个人却可以直接面对环境的变迁。从风险来说，表面上看来创业会大一点，因为个人要直接经历社会的大风浪。从个人的阅历（或曰学习经历）来说，创业却要比就业丰富得多。到了某一天，社会变动更加厉害，就业前途更加不可测的时候，创业的经历，将会显示出其优势。

以上八点，只是比较容易看到的社会现象，也许还有许多。这些现象，说起来自己也觉得好像很悲观，担忧的分明都是事实。我的阐释：之所以感到"悲观"，是因为我们不习惯。我们大多数人都是从昨天的社会里走过来的，那是一种平稳的、有保障的、变化周期很长的社会。以前一个人一生工作 35 ～ 40 年，社会不致有太多的、太大的变化（战争除外）。现在的社会变得很快，三年五年就可以有很大幅度的变化，有时候甚至年年不一样，因此会感到经常性的不适应。

我们那种习惯于稳定的心态，也带到了教育体系里面。教育体系里面的基本理念，不明文的期望，基本上是"学以致用"，在教育系统里面"过五关，斩六将"，结果把毕业生放到一份职业上去。教育里面的这种理念，与社会已经发生的现实，相距太远了，而且还会愈来愈远。

教育工作者起码的责任，是把社会的真相，尤其是有关就业的真相，如实地让学生知道。故曰"就业常识"。

原载《信报·教育评论》（2014-05-09）

就业常态的适应

上文谈到就业常识，里面提到几个过时的假设。对于已经工作的人来说，上文提出的几个方面，应该是大家已经熟悉了的社会常态。但环顾周围，不管是雇主、大学、培训机构、职工会、评论人员，一提到教育，就很容易会回到上世纪工业社会的话语，那些常识，都抛到脑后了。

常常看到很多文章，论及教育与经济发展，论点是：教育培养的人才，与实际工作需要的不贴合。基本的假设就是，教育是为工作中的需求服务的；两者不贴合，就是教育出了问题。这种观点，也是美国提出的、现在全球流行的"21世纪技能"（21ˢᵗ Century Skills）背后的思路。也就是说，20世纪，社会上需要一套技能；现在21世纪，社会上需要新的一套技能，要瞄准21世纪的技能来设计和塑造教育。这种教育的"技能观"，值得拿出来剖析一下。

美国的21世纪技能，里面就包括了知识、技术之外的许多方面，所谓"软技能"，例如批判思维、人际关系等。在亚洲社会，甚至在欧洲，这些都不属于"技能"范畴。这不光是名称问题。技能是可以"培训"甚至"操练"的。比如说沟通，美国比较着重沟通技巧，但亚洲国家往往认为沟通主要是态度问题。问诸法国与德国的朋友，都认为沟通主要不是技能。这种"技能"与其他文化里面的"态度"，大相径庭。

美国的技能观

"技能观"最要害的地方，在于培养技能，而不是培养人。关注点是工作上的表现，而不是人的成长。把"技能培训"与"人的培养"混为一谈，可以说是西方（尤其是英、美）近世公立学校的通病。在英国最初出现的"公学"（public schools），也就是后来的文法中学（grammar school）模式，仍然是今天独立学校（independent school）或者寄宿学校（boarding school）的优势，即全人教育。当然，当时的公学，开始是为在海外的商人、军官、教师、外交官的子女而设，目的在于培养"人上人"；这一点与中国教育的源头——科举有一点相近，目的是培养"君子""完人"。后来出现的英、美公立学校体系，则面向普罗大众，在于让农村孩子学点"技能"——读、写、算——以便在城市打工。

前文谈到的"对口就业"，与这种"技能观"是一脉相承的。也是本书多次提到的"经济话语"的体现，是工业社会生产模式的直接反映。一句话，就是把教育作为劳动力的生产机器，教育的产出，必须符合经济生产的需要。不符合的话，就是教育没有完成任务。

在传统的工业社会，社会相对稳定，个人的学历与宏观的经济，大致吻合。这种"技能观"的学校教育，也就问题不大。作为个人，也许大致就只能安于天命，根据自己在学校的表现，按照学历的分类分等，进入一个阶层、一个行业、一个单位，从一而终。这也是对口就业、学以致用的原理："学什么，就做什么"。

现在的社会，或曰"后工业社会"，社会经济急速变化。不论是生产模式（从分工合作大规模生产变为一站式量身订制）、产品市场（全球化、分层化、生产者主导、媒体引发）、技术（科技取代体力、无国界融合、"实时生产"）等，都使得工作机构的发展，与个人学历所承诺的职业前途，愈来愈脱节。

变了的雇佣观

可以说，工作机构，已经无法顾及员工的职业前途；工作机构甚至无法预测自己的前景。在这种情况下，对个人来说，只能"自求多福"，尽量提升自己，以面对无法预测也无法控制的职业前路。这是目前社会状况的悲观版。

但是也可以有一个乐观版。由于个人不再被绑在机构或者行业里面，个人的前路就宽了，个人的天地也就大了。不是吗？反正不用"卖身"给任何机构和行业，个人可以选择进入什么行业，进了一个行业还可以随时转行；进了一个机构，随时可以转工；不能就业就自己创业。就业的机会愈来愈少，创业的机会却遍地都是。

不止如此，由于没有了机构的保障，没有了明细分工的屏障，个人的个性、操守和价值观，都会受到直接的考验。开始会觉得到处有风险，实际上是个人脱离驯服状态的开始。有点儿像动物园里的动物，一下放到郊野，一时会难以适应，甚至难以生存，但却是真正自由的开始。

以上这些话，读者一定会说我"疯了"，明明是社会在崩溃，却偏要阿 Q 一番。

那也无所谓，反正社会的发展，似乎难逃这样的一条轨迹，不是任何作者可以创造出来的。回想我们出生在 20 世纪的人，以往的几十年，社会也是在一步一步地松散，工作单位愈来愈小，转工转行愈来愈频繁，机构对员工愈来愈没有保障……不过这个趋势，已经走得愈来愈快。下一代感觉到的，我们没有感觉。下一代的憧憬，其实比较现实，不是应该承认他们比我们更认识社会吗？

但是如此一来，年轻人对于他们未来的准备，就应该很不一样。在可见的将来，学校还会是年轻人进入社会之前的主要学习经历。学校的职责，以前是把学生塑造成社会生产的劳动力，这是一个瞄准与收窄的过程；现在应该是一个拓宽和释放的过程，让他们可以在宽广的社会中，创造自己的天地。

政府的新角色

如此，雇主也应该想一想：既然不能为雇员提供什么永久的承诺，那么也不能要求雇员对自己有什么承诺。社会将会在一种愈来愈动荡的雇佣关系之中，不断谋求新的平衡；很可能是极为短期的平衡。现在雇主经常要求社会提供这样的、那样的劳动力，又往往把责任放在政府身上。假如上述的分析有道理的话，雇主也许愈来愈需要与个别的雇员直接打交道，政府的中介角色将会愈来愈淡化。

现在的政府，不光是香港特区政府，往往还没有认识到这种趋势，还以为自己大权在握，就可以"制造就业机会"、塑造特定的劳动力、调节劳动力市场。而实际上，长远来说，必然是徒劳无功，因为社会发展的速度，远远超过政府的短期努力可以左右的程度。政府真正需要做的，是开放教育。这包括开放高等教育，让更多年轻人有丰厚的人生准备；开放职业教育，让每个人可以有更好的即时学习机会；开放学校教育，把学生从狭窄的科目学习和应付考试的牢笼里释放出来；开放幼儿教育，让幼儿从小就获得更好的学习经历。

这些，算不算过分？

原载《信报·教育评论》（2014-05-16）

失业·就业·创业

直到大概十年前，香港的就业率是惊人的。记得 20 世纪 80 年代，在荷兰某个国际会议上，我说香港的失业率是 1.7%，引起哄堂大笑。人家都说，所有有关失业的政策讨论好像都与香港无关。那时候，欧洲的失业率很高，英国、比利时的失业率都是两位数。人们碰面，第一句话就是问："您现在有没有工作？"

曾记得，当年在英国看过一部纪录片，就是记录一位中年失业的男子无所事事的一天。整部片子没有声音、没有旁白，许多人却看得哭起来，在社会上震撼很大。当时欧洲的青年失业率特别高，大学毕业后找不到工作，往后就很难再找到工作，于是对于"工作"的意义，有了许多新的阐释。英国有一派职业辅导学说，认为应该教导青年，"没有工作的一生，也可以是有意义的一生"。荷兰许多失业者参加义工，引起"正规"义工的抗议，他们认为被剥夺了做"义工"的权利。

失业率高，是何原因？

令我历久不忘的，是在荷兰参观一个"孵化中心"，专门"孵化"失业青年的创业能力。办法是给一组青年一笔资金，给一个房间，让他们自己出去寻找赚钱的"活儿"。租金每年上升，三年后就要出去独立工作。还记得，有一组做的是为一个村子重新设计交通标志，另一组是为行动不便者设计和生产特别的辅助器具。

那是我第一次意识到，中国人的"工作"二字，包含着西方"work"和"job"两重意义。在农村，这是比较容易理解的，干农活，不一定当作是"工作"。但是在城市里，两个意思就混在一起了。找到了职位，"就业"了，才算有了"工作"。在内地，人们喜欢问："您的孩子找到了工作没有？"意思就是，"就业"了没有？不就业，没有职位（job），即使有"活儿"（work）干，也不算"工作"。

香港的失业率去年是 7.9%（当中到过 8.4%）。今年经济算是复苏了许多，但是失业率并没有急剧下降，前两个季度分别是 7.1%、6.8%。趋势如何，还要看。但若不是看数字，而是看看实况，对失业率的大幅下降，就不敢太乐观。

机构变小，趋势明显

首先，职位似乎只会减少，不会增加。有一组数字，值得注意。去年香港的注册公司不到 30 万家。其中 100 人以下的，占99.3%，雇佣人员占总体的 69%；10 人以下（即 1—9 个人）的，占 87%，雇佣人员占 31%。因此，香港的公司，绝大部分是中小企业，而且以极小的机构为主。或者说，全港七成人在中小企业工作，全港三成人在只有几个人的小单位工作。

我的解释是，由于个别化生产和个别化服务正在代替大规模的单一生产，因此出现了许多小单位。小单位与大企业的不同之处，是没有了繁复的中层管理，因此同样数量的产品（或服务），所涉及的职位比以前一定会大大减少。即使是大机构，不逆的趋势也是"减层"（de-layering）、"减员"（down-sizing）。此外，科技的发展、物流理念的延伸，都在减少低层操作性工作人员的数目。

因此，设在机构里的职位，一定是愈来愈少。经济越是发展，机构越是走向小型；机构数目却不一定增加（在香港，2003 年与 2002 年比较，就少了两万多家公司）。因此，社会上职位的总体数目，就看不到会有上升的趋势。以上的讨论，要是加上非商业性质的其他事业机构，趋势也许就更明显。

可是，小型企业的出现，也是知识社会的特点：产品和服务的得以存在，不限于实用，而在乎创意；在乎寻找和适应个别人的兴趣，也在乎创造人们新的兴趣，创造新的购买与使用需求。因此，我们今天看得到的、使用着的许多产品和服务，其实以前是不存在的。许多都是"创意"的产物。

青年创业，遍地机会

这些，都不是需要大机构才能做到的，或者说小机构甚至个体户更容易做到，甚至是不需要机构就能做到的。大学里一位摄影颇有心得的同学，在上学的时候就为摄影爱好者组织周末的特色摄影活动，可以维持生计；毕业后继续从事这项活动，还可以兼职教书，同时办一家极具特色的咖啡店。照她的说法，可以做的事做不完。另一位同学，和两三个好友组织网上买卖，刚办了三个月，已经收支平衡。照他说，要是摸到门路，需求是无穷的……这样的例子愈来愈多。

记得不久前在广州作一个讲座。在座的初中校长唉声叹气，说学生初中毕业找不到工作，升不上重点高中干脆不报到，回到乡下又已经"无农可务"，没有出路。当时一位高校的院长就说："要就业，愈来愈困难；要创业，遍地是机会！"真是一语道出本质。

"就业"这个词，很生动地反映了在工业社会里个人与机构的关系。个人去"就"机构，才能找到职业、找到工作、找到生计，抱着这种心态，就只会埋头在现存的机构里面寻找出路。当现存的机构愈来愈少、愈来愈小的时候，将会因为找不到职位而失落，或者因为职位不称心而失落。殊不知，遍地都有创业的机会，到处都是待人开发的工作。

我们的教育，我们的政策，针对我们的青年人就业，可以说是无微不至。也许在一段时间内，大多数的青年人也还会在机构里面工作。但是，愈来愈多的青年人，会在机构外面工作，或者创造自己的机构，他们需要的是创业的准备。我们的教育、我们的学校、我们的政策，可有这种意识？

（这是2004年写的文章。当时香港正在转型，结构性的失业比较严重。而在国内，也刚刚才出现年轻人逐渐走向创业的趋势。）

原载《信报·教育评论》（2004-09-04）

就业 · 创业 · 教育

　　有两则新闻，不是教育新闻，却与教育息息相关。一则是香港 6 月至 8 月的失业率下降至 3.2%，创 13 年来新低。记得"非典"（SARS，2003）以后，失业率曾经到过 5%（青年失业率甚至到过 8%）。近几年一直徘徊在 4% 之上。我认为，这很可能是结构性失业，也就是说，与经济的繁荣与衰退无关，反而与经济结构与劳力结构有关。

　　记得 1985 年在欧洲开会，当我报告说香港的失业率是 1.7%，全场大笑，都说"这是天方夜谭"！当时欧洲失业严重。到处的政策议题，是减少工作日、缩短工作天数、轮流上班、强迫提前退休、家庭主妇支薪（减少妇女就业）等，颇为可怕。

　　现在看起来，那是社会经济转型的开始。一是全球化的转型，许多生产基地，逐渐往亚洲转移。二是第三产业的膨胀，大型的工业生产，逐渐让位给中小型的、服务行业的工作单位。随之而来的是消费市场的个性化，少数品种的大量生产，逐渐让位给多元品种的少量生产。巨型的金字塔型的机构，逐渐让位给中小型机构。总体来说，工作单位的规模变小了，管理的层次减少了、扁平了，用以严格统筹规管的程序和制度也削弱了。大规模生产所需要的大量的、多层级的中层管理逐渐消失。计算下来，同样的产量，需要的人员变少了。

总之，就我的观察，就业的机会很可能愈来愈少。人口的规模，没有特别的理由，一定与职位的数目相若。按照过去 30 年左右的发展看，机构只会愈来愈小；虽然数目会愈来愈多，总体的职位很可能愈来愈少。这个趋势，是不以人口的多寡而演变的。因此，很可能是就业的人数会愈来愈少，而失业、待业的人数会愈来愈多。看到新闻说某个政府如何如何创造就业机会，心头就不禁怦然：政府真的有这么大的能耐，能够增加就业，甚至全民就业？

我多次提过香港的机构（商业登记为准）规模，以中小企业为主。其实这种情形不止于香港。国企、央企不少的上海，2005、2006 年中小企业也占 99.7%（雇员超过 86%）。美国全国，2006 年，100 人以下的单位，占 98%；20 人以下的单位，占 86%。

这说明，单位变小，是一种趋势，是全球性的生产模式转型使然。也就是说，单位的规模，不再一定是品牌显赫的标志。有些单位，也许办得越成功，规模越小。而相反，一些固守巨大规模的，却也许正好是效益不佳、渐入困境的机构。

许多年前在内地，我一位叔伯辈的长者，是化学纤维纺织的权威，国家决定在某个城市实施一个大型工程，引进国外最先进的技术和设备。原来的设计是容纳五万名工人，为了制造就业机会，上面命令增加到 20 万人。结果就是牺牲了工程的效益，那是改革开放初期。当时还有不少企业，为了挤进什么"五百强"，勉强增加规模，以充大资产值或者营业额。其实都是逆着全球经济发展的大趋势。

这就要谈到另一则新闻：汇丰裁员。从以上的角度，对于汇丰的裁员 3000 人，也许就会有不同的看法。我没有任何汇丰的内幕，无意深究汇丰裁员的近因，更没有为汇丰辩护的动机。但是从趋势看，也许汇丰的裁员，只是一个浪潮的开始。正如上面所说，机构收缩，往往不是实力萎缩。以前以为，一个工厂生意成功，就应该规模愈来愈大，员工愈来愈多。这种假设，在典型的工业社会可以成立，在现在就不一定成立。一个企业的生意成功，往往包含着转型、分拆、重组、自动化等，并不一定带来员工更大的稳定与保障。

舆论上有人认为汇丰裁员，没有社会道德。在后工业社会，机构变化是家常便饭，员工的地位愈来愈不稳定，与社会道德没有直接关系。当然，在处理机构变动的时候，如何善待员工，是企业社会责任的一部分，这里面牵涉的社会道德问题，今天要比以前复杂得多。

现在的社会，能够不顾效益而扩大规模的，就只剩下了政府。因此奥巴马与反对党的争执，其中一项就是增加公共开支，也就是增加公务员的规模，这是最保险也是最不需要担心后果的增加就业机会。

假如上面的推论是合理的，就业的机会一定会愈来愈少，只是速度快慢而已。那社会怎么办？是不是就大量的人闲着没有工作？其实不是。前面说的是"就业"，也就是在机构里面有一个职位，赚取工资、享受福利。人们生活的需要是永远满足不了的，为人类生活服务的工作，还是无穷无尽的，不过不一定由机构提供，更不一定由大机构提供。

换句话说，就业的机会也许愈来愈少，创业的机会却遍地都是！

问题是，我们的老百姓，有创业的准备吗？我们的青年人，有创业的准备吗？我一直认为，我们现在的教育，基本上是为就业服务的教育。不只是我们认为学生毕业就能找到好工作，而是整个教育的具体操作，都是要学生按照规定的目标、规定的内容、规定的途径、规定的考核来过他们的生活。这些基本上是适应工业社会大机构的运作模式，没有让他们准备去创业，也没有准备失业。

然而，年轻人走得很快。在他们的实际生活中，转工转行已是平常事，抛弃大机构而转向创业的，也大有人在。教育需要急起直追。

原载《信报·教育评论》（2011-09-23）

对口就业还是常规吗？

前文谈了大学生的就业与创业。其实，即使是就业，里面也还有很多文章。

1970 年代，一位香港大学毕业生，念电机工程，随即进入政府机电工程署，一直勤恳工作，也有过出色的贡献。后来不断升职，在 55 岁按制度提前退休，目前在享受退休生活。这是对口就业且从一而终的典型例子。那是一纸文凭、一技傍身、一劳永逸、一帆风顺、从一而终的年代。但是这样的例子愈来愈少了——此情不再！

也是 1970 年代的一位毕业生，念的是文学。先当了几年的中学教师，然后进了一家著名的出版社当编辑；后来进了一家大的家族企业当秘书，创立了公司第一个公关部门；再后来自立门户，成立了一家公关顾问公司，颇有名气。最后把公司传给了年轻人，开始享受退休生活。

教育之变

转工转行，家常便饭

一位 1980 年代毕业的文科生，先是教了几年书，又进入一家顾问公司，不久进了一家出版社，然后进了一家英文报馆做编辑，又被另一家出版社罗致，工作了不久，进入一所大学做传讯工作，然后进了政府部门当行政官，再出来在一所大学做行政。

1990 年代的一位毕业生，念的是经济。毕业后做过几份工作，包括私人秘书、服装店会计、书店销售、大学行政，都感觉没有兴趣，于是做财务策划，后来又转做美术品经理，从北京做到纽约，又回到北京，后根据自身的经历，潜心研究城市人群的心理解困。

21 世纪的毕业生，就没有谱了。有一年之内转工三四份的，有从投资银行转为为非政府组织服务的，有从计算机科学转为从事会计审计的，不一而足。

上述种种释放了两种信息。第一，对口就业已经不是常规。很多年以前，大学里面还以对口就业（念什么＝做什么）毕业生的比例多少，作为该学科或者专业是否成功的指标。也就是说，念了一种专业而不从事该专业的工作，算是培养失败，或曰浪费了培养。曾几何时，对口就业的，已经不一定是大多数。以我熟悉的香港大学为例，医学院一般对口就业率很高，念了医科而又不做医生的，绝少，可以说几乎是 100% 对口就业。但是同样是专业性强的法律，就任任有 20%～25% 的学生，压根儿就没有打算执业当律师。意想不到的是工程，也有大概 35% 的工科毕业生，根本没有进入工程行业。

用非所学，情况普遍

多年前在东京某个会议上，英国帝国理工学院（Imperial College，英国首屈一指的工程学院）的工学院院长，慨叹工科学生不愿意当工程师。一项调查显示，刚入学的大一学生，只有81%打算当工程师；大四时更糟，只有44%打算当工程师。院长很懊恼："我们花了许多精力让学生了解，工程师是如何有趣和有意义的一种行业，偏偏他们不买账。"

同场的麻省理工学院（MIT）的工学院院长，却不以为然："我的许多毕业生当上了大公司的CEO，我引以为荣；或者做了名演员、名歌星、教会牧师、工会领袖，我都很高兴；就差没有当上美国总统。"那是完全不同的一种观念，办学的基点就不一样。不过他也补充道："但是我也要保证，最好的工程师，仍然应该是MIT毕业的。"

然而，须知，对口就业的逐渐式微，不只是就业者的意愿，也有雇主的选择。医院当然不会聘请没有专业资格的人当医护人员；现在的律师行也不会像以前一样，聘没有专业资格的人，在岗位上慢慢考证；工程师的职位，不是非专业人士可以随便替代的。

但是大多数第三产业的行业，比如说在香港可以说是行头最大的金融业，就很不一样。

招聘用人，岂只学历

有一位博士生做研究，访问某大投资银行的某部门总裁。那个部门当年招了19位新的分析员（投资银行最基层的人员），没有一位是念金融、经济、会计的。这19位新聘的人员之中，有念生物的、心理的、文学的、政治的、人类学的，等等。为什么？他们招聘的时候，到底看什么？那位总裁说："我们是一家'优胜'的银行（winning bank），因此我们要招'优胜型'的人物（winning personality）。所以我们看申请人是否有为自己设下奋斗的目标，是否为此目标而勇于面对困难、挑战、竞争，然后获得成功。他念过些什么，无关宏旨。"

当然，会计行业有它的特殊性。但是以上这种种情形，也许完全适合许多其他服务行业的招聘策略。因此，学生物、历史、心理、文学的，最后去的很可能就是投资银行、会计师行、顾问公司，等等。这些行业的就业，与对口就业的概念风马牛不相及。

然而，上面所述，只不过是指毕业后及首次就业的"对口"。要是加上上述的转工、转行，那第一次就业是否"对口"，也就没有多大意义了。

要是再加上自雇、个体、多雇主、斜杠一族等非传统的"就业"，对口就业的范围就越缩越窄了。

那怎么办？取消专业吗？当然不是。只有一个结论，教育（包括大学教育）不能再囿于"对口就业"的导向，而应该为年轻人打下雄厚的根基，那就不论环境如何多变、艰辛、莫测，不管是就业还是创业，不管转什么工、转什么行，他们都能够立于不败之地。

（这里写的，是2013年的认识。往后的几年，这些认识被新的经历和信息不断加深、不断滋润、不断纠正。）

原载《信报·教育评论》（2013-07-26）

裁员辨

看到报章头版巨型大字标题，报道某银行裁员 200 人，同时招聘 80 人，我大吃一惊。吃惊的不是该银行的举动，而是标题蕴含着强烈的不满。再细看新闻内容，原来是该银行压缩零售银行业务，扩展批发银行业务，因此要从前者裁掉 200 人，为后者招聘 80 人。照报道的语气看，编者的意思，大概是"既然要聘人，为何又要裁员"，"既然赚钱，为什么要裁员"。又从报道看，这都是被裁的从业人员的抗议论点。报纸似乎不假思索也采取了被裁者的立场。这可不是一张随便的小报。

当天，在不同的场合，碰到不同方面的朋友，不约而同都提出同样的观点：光从报道看，看不出银行做错了什么。这些朋友，有教授、有政府官员、有议员、有电台主播。人们可以猜银行也许在裁员的过程中做了些不合情理的事，但从报道看，又不像；不然这些不合情理的事应该上了头条。从报道看，重点的批评是"裁

教育之变

员"：裁员不应该，裁员同时招聘更不应该，赚钱的时候裁员尤其不应该。

从被裁者的角度出发，觉得自己不该被裁，觉得自己冤枉，乃人之常情。工作没有了，再找工作又不容易；家有妻儿、上有父母，无以为计；被裁总是很难接受的事。在有些比较有历史的公司，被裁的员工也许一直忠心耿耿，一旦被裁，感情上难免觉得被背弃。即使再找到工作，感情上的伤疤，可能历久不去。这是故事的一方面。

裁员减员，未必收缩

故事的另一方面，现代的工作机构已经变得非常不稳定。生意做得好好的，因为市场的枯竭或转移，因为科技的发展，因为预见前景不佳，因为内部潜伏的缺失，机构可以改组、分拆，甚至结束。但是更多的机构，为了寻找新的市场、为了适应新的经营模式、为了采用新的生产方式、为了业务更加发展、为了面对更大的挑战，也会改组、重整、减员、减层、外包。业务下降的、亏本的公司会裁员；业绩上升的、盈利甚佳的公司，同样会裁员。机构不断在改革，商业机构如此，非商业机构如此，凡是改革，都会令许多人失去原来的工作。

还有一些结构性的变化，也会使人失去原来的工作。前文重复提过，工作单位愈变愈小，中层管理渐趋式微，中层人员正在大批消失；科技的发展，令一些原来纯粹操作性的工作不断消亡；物流概念的扩展，令一些中间步骤的工种也不断消亡……

曾经听过一位资深的工会领袖说过这样的曲折经历。原来在出名的大百货公司当部长稳定地过着十年如一日的生活。1980年代，市面上出现了许多新的超级市场、购物商场，公司需要改变经营方式，这批老员工无法适应新的管理理念，一下子通通失去了职位。有人转到低一档次的小型百货公司，或者转到当时仍然旧式经营的国货公司。后来这些公司也相继转型、关闭、改组，这批原来在大公司当部长的、资深的百货从业员，彻底失去了工作岗位。比较幸运的是，现在当临时性质的社会福利家务助理。

　　社会变得快极了。以前社会上工作形态的变化，需要几十年，超过了人的工作寿命（大概40年），因此人们可以慢慢适应。现在，工作形态的变化，可以在几年内就发生，远远短于人的工作寿命。因此，在人的一生中，就难免会遇到多次的社会变迁，难免会遇到工作上的变更，包括转工、转行，也包括失业、待业。可以说，长期、短期的失业，将会不断地降落到人们身上。

　　失业、裁员的痛苦程度，当然与雇主的态度和处理有关。我有一位在跨国传讯机构当了20多年总裁的同班同学。他的机构，差不多每年都改组，总会辞退一些人员，新聘一些人员。他们的做法，是事先通告全部同事，申明公司的发展策略，明确人员的去留。一方面稳住了大部分留任的人员，另一方面又下大功夫为去职人员做转工转行的准备，包括培训、辅导、移居等。每次改组，相对来说就比较顺利。许多大机构的人力资源部门，大部分时间就是做这种工作。这说明，在新的社会形态下，人们的职业稳定与保障已经几乎成为奢侈。雇主的责任，应该是尽一切努力减少员工因为解雇而产生的困难，甚至帮助员工顺利转工，但不可能牺牲一切去保住每一个员工的饭碗。

职业稳定，或成历史

最近几年我研究工作形态对教育的影响，深深感到工作的稳定与职业的保障，必将迅速减弱。作为负责任的教育工作者，必须让青年人尽早作准备，以积极乐观的心态面对多元多变的工作前途。因此我多次提到就业的困难必将愈来愈大，而创业的机会却遍地都是。也因此对于勇于创业的青年，往往不禁流露出欣赏和钦佩。因为我知道，他们是走在时代的前头。

1980年代，欧洲面临经济转型，也面临工作转型。记得英国由于报业排字工会的反对，迟迟无法在报社中使用计算机，为的就是不让排字工人失业。当时欧洲的失业率是两位数。欧洲基本上已经过了这个关。为了保住一时的饭碗，往往是以更多人的失业为代价的。相反，顺着社会的转型而动，也许有一些饭碗一时保不住，却会换来大多数人长期有饭吃。

在内地国企改革的时候，人们纷纷"下岗"，香港人当时大都认为是内地人的转机。现在是香港本身经受考验的时候了。

（延续前几篇，这里探讨在社会的转型过程中，裁员也许是经常会出现的一种常态。）

原载《信报·教育评论》（2004-11-13）

"不打工"的大学生

现代社会，"不打工"的大学生似乎愈来愈多。这里说的"不打工"，不是指没有能力就业、就不了业、没人要；也不一定是指北京的"啃老"，或者是东京的"宅"；不是指那些躲在家里不愿意工作、找不到工作或者不着意找工作。这样的人不是没有，但在香港似乎没有成为气候。这里指的是不在机构里面工作，或者不在传统的机构工作，不以雇员的身份工作。简单来说，也许都在努力地工作，但是没有一个职位，照人们的传统观念，就是没有"打工"，或曰没有"就业"。

须知，"job"（职位），并不是人类历史上从来就有的。我初出道到农村做研究，才知道农民辛勤劳动，也有经济产出，但是他们没有"job"。学术上有时候称他们为"传统部门"，以有别于在劳动力市场"就业"的"现代部门"。在中国古代农村，兴许有酒家的店小二是受雇的，也许铁匠终身供养的徒弟勉强算是受雇的，雇农在中国似乎也不流行。但是一旦进入工业社会，就变成绝大多数人都是雇员了，他们都有"job"。

"就业"与"工作"

有一份工作，就是在一个机构里面，成为机构的一部分，成为整个生产过程的一部分。这是工业社会运作的模式：在机构内分工合作。每个个人，完成生产过程的一个部分，按照严密的设计，合成一项比较复杂的产品或者服务，然后可以大量生产。

有一份工作，就要按照设计好的程序、分工和岗位要求，按照规定的指示，按照规章制度，按时、定额、不折不扣地完成你的工作。你也会因此得到一份报酬，就是你的工资。

在这样的岗位上，除了按照规定的工序和标准，其他都是不重要的，也是不必要的。个人的性格、脾气、情操，都是不重要的，因为这些"软性"因素，是没有机会影响工作程序的。而作为雇员，在这些方面也因此实际上是受到保护的，因为传统工业社会生产的特点，就是尽量去除个人的因素。

不当雇员，没有"一份工作"，但是忙碌地工作而又有收入的，似乎愈来愈多，尤其是在青年人当中，愈来愈多。

"受雇"与"自立"

一位研究生，在写作论文之余，在网上开了一家珠宝店。因为生意好，引来了朋友加股；但看到生意兴隆，也引来了竞争。过了几个月，趁生意好，卖掉了店铺。

一位英国名校的毕业生，在律师行与投资银行工作了一小段时间，觉得沉闷；转而在外国某大城市开设卡拉 OK，很成功；多开了几家，还有人邀到别国开办；他却自己办了一个网上的旅游平台。

三位大学毕业生，来自不同院系，志趣相投，联合开了一家环保旅行社，服务对象是学校、社团、公司，组织在香港与环境有关的旅游团。光顾者不少，应接不暇。

一位社会学的博士毕业生，本身为香港少数族裔后代，毕业后专心为少数族裔服务。在一所机构工作了不久，脱离机构做个体工作，更加自由地为少数族裔服务。

一位文学博士毕业生，进了一所政策研究所工作，一段时间以后，自己出来独立工作，为不同机构做咨询服务。

一位随家庭移民回流的硕士生，毕业后决心做自己喜欢的工作。她喜欢小孩，也有点设计的能力，于是着手设计婴儿的时装，独立创作。

一位念精算的毕业生，在船公司打工打了一阵，然后辞职，独立工作，替不同的船公司服务，帮助船公司与保险公司打交道。

一位经济学的毕业生，干过很多工作，但是她是一位很有成就的摄影师，最大的热忱，是周末自己办摄影班。经年累积，她拥有几千个"粉丝"。

一位演艺学院的毕业生，既演出芭蕾舞，也教芭蕾舞，但是她也为人家做各式各样的设计；又进行地产投资；业余时间还参加帮助农村儿童的非政府团体。

一位中学的音乐教师，离开学校的稳定职位，年纪不大，就只身出来服务一家社企，为弱势学校的学生排演音乐剧。

以上只是以身边的人物寥举数例。还有数不胜数的，也许更为奇妙的例子。

"反常"与"趋势"

这种现象，几年前还会觉得奇怪，甚至反常，现在已是司空见惯，而且似乎已经成了一种趋势，一种不可逆的趋势。

问这些青年人，为什么选择不打工？理由大多如下："我觉得很自由：喜欢什么时间睡觉就什么时间睡觉"；"我觉得很能掌握自己：喜欢做谁的生意就做做谁的生意"；"我不必再寄人篱下，看人家的脸色"。

老一辈的听了一定不顺耳："没有一份工，就像没有归宿，老了退休怎么办？"对方会答："现在反正任何老板都不会给予终身保障！""哪有这么早就预计退休的！"

值得注意的是，这些青年人，其中不乏大学里的高材生，有些甚至中学开始就是高材生。或者说，在成绩好而有能力的青年人当中，这种情形尤其出现得多。

上面说过，"就业"与"打工"是工业社会的主流工作形态。在工业社会没有出现以前，是不显著的。现在传统的制造业模式的工业社会，逐渐式微；"就业"与"打工"的观念，也逐渐淡薄。不是吗？即使是"打工"，要在一家机构从一而终地平稳"就业"，已经愈来愈难。由于种种环境的多变，机构本身变得很飘忽，变小、变扁、变松，难以长期保障雇员的工作；而雇员本身，也不一定愿意固定在一份职业上。雇员对雇主，只能尽责，很难尽忠。

对于青年人来说，索性摆脱"打工"的思想框框，也不失为一种彻底的"自为"。人们喜欢用"创业"来形容这些青年人，但其实其意义不仅仅是"创业"。

谁敢说这些不打工的、不就业的一群人，不是先知先觉，正在领导潮流呢？

原载《信报·教育评论》（2013-07-12）

教育之变

大学生就业：
以往与现在

2013 年，《智富》杂志出了一期专刊，标题是"学历大贬值：为啥大学生做地盘？"（地盘就是建筑工地）里面有很多青年人的个案，很能看出现代社会青年人的就业观真是一个万花筒：有醉心于大学学位的，有认为职业训练更实际的；有做地盘而怡然自得的，有刻意进入跨国大公司的；有一心追求心仪的行业的，有以收入多寡作为入行准则的；有觉得副学士是"半天吊"（不上不下）的，有视副学士为"可攻可守"的；不一而足。

"学历大贬值"，是一种时间性的观感，是"以往"与"现在"的比较。一般人看社会，没有时间的维度："一直都是如此的，为什么会变成这样？"把过去看成是"应该如此"，把变化看成是反常。实际上，世界一直在变。不过以往变得慢，不知不觉地变了也不被觉察，还以为世界没有变。现在变得快，社会上的事物，还没有稳定下来就被新的替代了。因此，人们老是要适应，老是不适应，经常的感觉是："怎么又变了？"

高教普及与回报下降

我研究宏观的教育现象，源于 1970 年代，在湾仔的一家书店，看到竖着的英文书脊，竟然是 *An Introduction to the Economics of Education*（《教育经济学导论》）。觉得奇怪，教育与经济怎么扯得上关系呢？首先吸引我注意的，是教育回报率的计算。我没有念过经济学，但是书中深入浅出的介绍，给了我全新的视野。

教育回报率，大多数是计算大学教育的回报率。简单来说，念大学，交学费以及其他支出，都是成本（称为直接成本）；但是与没有念大学的比较起来，更大的成本是念大学期间没有工作而牺牲了的收入（称为间接成本）。纯粹从经济学角度看，这种种成本，是一种投资，换取的是终身的收入增值，因此可以计算回报率。这也是当年大行其道的"人力资本"概念的技术支撑；而人力资本则是战后各国大力发展教育的理念根据。

但是世界银行的专家在后期也发觉，高等教育扩展到一定程度，回报率就会逐渐下降。道理也许很简单：高等教育规模小的时候，物以稀为贵，毕业生自然回报率高。接受高等教育的人愈来愈多，大学毕业生不再稀有，回报率自然就下降。不懂经济学也能理解（当然经济学家会有更深层的阐释）。这也许就是"学历贬值"，具体来说，也就是大学毕业生的收入比以前的大学毕业生少了。

但是"学历贬值"还是一种静止的观点，隐含着学历没有变，只是价格变低了；似乎是社会对于学历不认账了。这不是事实。举个例子：航空公司的客舱服务员。约十年前，香港的航空公司招聘，人群中发现一位大学毕业生，记者如获至宝，头条报道。转瞬，数年间，今天的空姐已经很少不是大学毕业生了。

空姐的工资水平提高了吗？不一定。从某个角度看，她们以大学毕业的学历，拿着以往非大学毕业的工资，可以说是贬值了。但是空姐这个行业，大学毕业生普遍了，整个行业的学历要求提高了。实际上，随着从业人员学历的上升，整个行业的知识水平不断提高，业务水平也在不断提高。没有学历的提升，今天的空中服务，就很可能还停留在 20 年前的素质。

学历提升与素质提高

行业的素质提升与大学毕业生的增多，这两个方面是相辅相成的。假如你是乘客，这正是你所期望的，谁不想面对有知识、有素养的服务员？但要是你的女儿念了大学去当空姐，你也许会不满意。作为顾客与作为父母，你的想法会很不一样。然而，你的女儿却可以自豪地当上空姐。作为父母与作为大学生，想法也会很不一样。为什么？就是因为父母习惯了的时代与概念，已成过去。社会在变！我们的想法需要时间来调整。年轻人的适应，就容易些，因为他们身边的经历，就是现在，他们没有"以往"的包袱。

空中服务员的故事，还说明另外一个问题，很值得决策者注意。客舱服务的素质提升，不能只靠低学历人员的培训，而在于从业人员学历的提升。在很多行业都有这种现象，比如护士、教师、警察、银行柜员，也正在蔓延到百货业、饮食业、旅游业。这一点是很多国家的教育规划所忽略的。

这话怎么说呢？常常听到一种说法：香港缺的不是大学生，而是中等技术人员，因此需要发展的不是高等教育，而是职业教育。这种想法的背后，还是传统工业社会的思维模式，以为人才是一层一层的金字塔，因此中等的人才，就靠中等的培训，拿的是中等的工资。

实际上，很多中等技术的工作，已经不由分说地流入了大学毕业生的手中。一方面，这是因为大学逐渐普罗化；另一方面，各类行业也在逐渐知识化。这是整个社会的一个调整过程。

职业培训与高等教育

从大学毕业生来说，从事原来看来不需要大学毕业的工作，有些是从无可奈何逐渐变为敬业乐业，有些是心怀壮志而暂时屈就，有些是苦无出路而暂时屈就，也有些是因为薪酬而甘之如饴。个人的期望与心情，可以说是林林总总，但是社会总的趋势，是大学毕业生就业大众化。而这是高等教育普罗化、社会扁平化的必然结果。发展下去，不是低学历的经过简单培训而提升，而是高学历的俯身去接受新的职位与地位。

有些雇主对职业教育的期望，是产生技术高、学历低、工资低的人员。这也许是雇主的一厢情愿，一定会愈来愈落空。因为那种期望，事实上是想实现生产力的现代化（提高质量），而又要维持传统的生产形态（维持低成本）。这是比较短视的思路。

有一位香港职业教育的资深领导人，曾经有不少商界的朋友埋怨她不能培养更多的中等技术人才，因为那是他们最需要聘用的。她的回答是："你会终生聘用他们吗？"

实际上，职业教育的趋势，是愈来愈向高等教育看齐。德国的应用科学学院、中国香港的职业训练局，其实都在尝试走这条路。中国内地的"高职"（高等职业教育），其实也想走这条路。

原载《信报·教育评论》（2013-07-12）

青年前途 = 就业?

　　香港目前享受着教育方面的国际美誉,尤其是近十多年来的教育改革,是许多国家研究的对象。最近连续参加了几个国际会议,也接触了不少国际朋友,对于一些国家的教育发展,我颇为吃惊。这让我深深感到,要是香港特区政府停留在目前的思路和状态,香港的教育老本很快就会吃完;其他的地方会很快追上来。香港的未来,也将会尝到今天教育不思进取的恶果。

　　吃惊的,固然是数量或者是结构的变化,但是最主要的,还是在思路上的质的转变。这些思路转变,香港在十三四年前就曾经经历过。也有些地区,有很好的改革愿望,但是还在思路和策略上辗转挣扎;而香港在这些方面,其实早就走出了自己的一条路。这也是为什么许多外国的朋友,对于香港的教育,尤其是改革过程,特别有兴趣。

教育发展，呈现停滞

但是香港在最近十年左右，政府在教育的发展方面，没有显著的下一个目标。要不是有课程改革的牵引、前线教师的专业动力、大学课程的基层改革、职业教育的迅速转型，香港的教育恐怕早就陷入困境。前线的教师和学校，还面临数不清的压力和困惑：有些也许是前进中的必然瓶颈所致，有些则是因为没有再进一步的目标，因此形成新的困境。有些教育体系出现问题，没有认真地从专业角度考虑长远目标，而只是应付眼前的社会压力，其结果是留下了更大的、更持久的包袱。

最近在国际场合讨论最热烈的，是青年的"就业能力"。在西方国家，就业能力是教育的一大目标，也是国家发展与个人发展的结合点。在美国，甚至会有政治领袖，把教育目标归结为增加青年的就业能力。在中国，在计划经济时期，教育就是为国家培养人才，输送到国家经济生产这部大机器里，完成国家的生产任务；至今，"培养人才"仍然是不少人认为的理所当然的教育目标。即使在学术上，即使在西方，很多学者一谈到教育发展，不自觉地，就会把就业看成是教育的目标。

就业困难，创业无边

下面从不同的角度，综合讨论一下"就业"这个问题。

第一，人是要吃饭的，因此要有工作，才有收入。这是人的经济生活的最主要部分，无可争议。因此有就业的元素。

第二，今天的社会，有工作并不一定就要就业。虽然大多数人还是靠就业获得收入，但愈来愈多的人，尤其是青年人，开始趋向自己创业。

第三，虽然不是人人都会创业，但是今天就业的职位，都需要有创业精神。这种准备，与传统的就业准备，很不一样。青年人需要的，是灵活性、适应性、韧性、自学能力、自省、自律、创意、勇气等。

第四，由于经济环境的不稳定，待业和永久的失业将会是常见的事。自愿或者被迫的提早退休，也会愈来愈多。

第五，即使有幸长期受聘于某一机构，机构本身也会不断变化，同样的岗位，性质与任务会变，面对的问题会变，周围的环境会变，再没有长远稳定的常态。旧的岗位会消失，新的岗位会令人不习惯……

可以准确地说，没有一个国家是对自己的教育制度满意的。要改变现状，可以有三个方向。这三个方向，也正是对教育与就业关系的三种看法。

第一种方向，觉得教育制度出问题，是因为素质不高、管理不善，反正是"缺失思维"，也是一种"修补思维"。认为需要做的，是把一直在做的事，做得好一点、多一点。因此是一种"改善"而不动原状的思维，认为教育认真改善了，就能符合就业市场的需要。

第二种方向，觉得教育制度落后于社会，因此毕业生不符合社会的需要，所以要预测社会的未来需求，让教育朝着未来的需求发展。这是一种"追赶思维"。源于美国、现在风行全球的"21世纪技能"的概念，就是假设只要把培养学生的目标，从20世纪转到

21 世纪，毕业生就能顺利就业，教育就能为就业市场输送人才。

第三种方向，认为社会多变、速变，而且社会和机构组织已经面目全非，因此只有让学生拥有更加深厚的基本能力，足以应付变幻莫测的未来，才能让青年人有长远的希望。在教育来说，这是一种返璞归真的思维。这种思维，需要看透目前的社会变化是一种根本性的社会大变动，无法追赶。但是背后更基本的，是宣告"教育为就业"的思维破产，因为"就业为目的"的思维，是工业社会顶峰时期的思维，已经过时。

根基深厚，无惧变幻

归根到底，人不能纯粹被当成"人力资源"来培养。停留在培养"人力资源"的层面，就永远解决不了教育与就业之间的矛盾。

1999 年香港启动教育改革的时候，就下了决心，从根本着手，让香港的青年人能够掌握自己的未来。因此没有采取"提高国际竞争力"这类的目标作为教育改革的方向。也幸亏如此，香港才能走在其他地方的前面，在教育改革方面，成为许多外国同行研究的对象。

但是这个比较完整的"教育观"，很容易在政府里面"失传"。改革在开始的时候最困难，但也最深刻。当时我们花了整整一年的时间，推动全社会讨论"什么才是教育的目的？"收到近 4 万份建议书。几年以来，人们习以为常，逐渐没有了改革的意识。加上人员更替，新的负责人员往往没有经过改革的洗礼，不知道"新"与"旧"的分别。渐渐地，人们已经没有了改革的感觉，还以为教育不过是那么一回事，很可能就又回到旧的思路，潜意识里教育就是增加就业能力。

最近接触的一些亚洲国家，包括一些甚少听说改革的，都有了改革的大动作，而且方向明确。普遍的是扩展高等教育，急起直追。香港很快会变成高等教育入学率较低的地区。另外一项会令香港汗颜的，是他们都开始研究知识与技能以外的"非认知学习"——态度、情感、价值、操守等，都是从崭新的角度来看教育，作为年轻人准备未来的根本。有些计划看来，也许都还很粗糙，但我们何时起步呢！

【文末提到"非认知学习"，在之后的几年，在香港出现学校、教师和民间团体自发的"正向教育"、"增长思维"（growth mindset）、"社交与情绪学习"（social and emotional learning）潮流；也引发了对于中国传统"德育"的重新探讨。】

（本文写于2013年，香港全面的教育改革已经进行了14年。但是社会不断地在改变，世界上没有一劳永逸的教育改革。）

原载《信报·教育评论》（2013-10-18）

人口推算 · 劳力预测 · 教育规划

　　赫然听到有负责人口政策的，认为不必发展大学教育，而应该更多发展职业教育，理由是未来短缺的将是中等技术人才。恕我直言，这是惊人的！把人死锁在劳动力的阶层里，是教育观念的大倒退。

　　这里是把人口政策、就业政策与教育政策三者搅在一起了。也就是以人口推算作为出发点，预测劳力需求，进而提出教育发展的建议。看来是无意地放大了人口推算的威力，走得太远了！

　　人口发展，是看人口结构的发展；按照推算，估计未来的年龄结构、人力结构、知识结构等，作为其他决策的参考。就业政策，一是考虑如何让社会有充裕的劳动力，利于经济发展；二是考虑如何让社会有最佳的"乐业"环境（"安居乐业"的乐业）。教育政策，则是考虑如何让整个人口达到最高的素质，最佳地面对未来。三者有联系，同样是面对未来，但是不能把三者当成一个问题。

把三者搅在一起，是因为集中考虑的只有一个维度，就是经济发展；而得出惊人的结论，是因为看不到经济和社会发展的未知因素和变化速度。

人口推算，不可或缺

首先，人口的推算与发展，是非常重要的。任何社会都需要有人口发展的远景推算，否则就会因为盲目而碰壁。前几年出现学生人口严重下降，于是出现"缩班"的大危机，就是人口推算与教育发展出现了严重脱节。1980年代的中国农村，村校校长有一本当地初生婴儿花名册，因而预知六年后小学一年级的学生数，这就是他们的教育规划。

人口推算不可能立即与预测劳力市场挂钩。劳力市场的预测，是一项不能不做，但又必然不准的项目。每个地区、国家，都会想预先知道劳力市场的走势。但是这种预测，单靠人口的数据是无法测得准的。预测，不外是数据推算与市场调查两种方法。

数据推算，是假设劳力市场有一个比较长期的稳定趋势，从过去的数据找到趋势，推算未来，从而描绘出未来的图像。但是现在的劳力市场极速变化，很难捉摸固定的规律。即使是短期的趋势，例如两年、三年，也不容易确定。要做五年以上的推算，也只不过是数字游戏。不信，请看看过去的预测，有哪些是准确的？1973年，当时香港一马当先开始做"人力预测"，在国际上颇有薄名。但是每年职业训练局都要在暑假临时作颇大的调整，才能适应现实的人力需求。即使是当年，愁完了招生，又要愁毕业生就业，因为这些学生两三年后毕业的时候，劳力市场又变了。

劳力市场，难以预测

这不是劳力市场推算不力，而是市场根本就没有稳定的长期规律。推算如此困难，根据这种模糊而不确定的推算，去预测劳动力的走势，只能说给了我们一个大概方向。但那是以前，1990 年代以后，这种推算，就更模糊了，因为形势变得更加快了。

市场调查，一般是雇主调查，一般有两个问题："现在的人力状况""估计两年以后的人力状况"。也就是根据雇主的推想，预测未来的劳力需求。这是雇主的主观猜想。即使是以前，也不准确，现在更是不可能准确。一则，现在香港是中小企业的世界，机构本身就不讲究稳定性，也不可能稳定。二则，经济状况的变换，包括市场、技术、创意等，使得任何机构（包括大机构）都会尽量采取灵活的人事政策，也就是无法预测。一般的雇主能够知道一年以内的人力需求走向，就很不错了。因此，要雇主来提供未来劳力市场的走势信息，其实意义也不大。更妄论香港还有大批的自雇人员，根本不在雇主的调查范围。

即使如此，有个估算总比没有估算好，因此，几乎每个国家、每个地区，都还是要做劳力预测。问题不在预测的方法与技术（相信香港在这方面仍然是一流的），问题是如何运用这种预测。

假如上述的讨论是有意义的话，那么，第一，人口推算，应是必需；第二，人口预测不等于劳力预测，两者中间有许许多多的因素，不是人口预测可以达成的。要人口预测承担劳力预测的责任，其实是不公道的。因为人口预测而认为可以预测劳力市场，则超过了人口预测的功能。虽然也许历来如此，但是此一时，彼一时，不可同日而语。

既然如此，要用人口预测的推算指导教育的发展，就更加没有根据。由于就业情况的变化——经济结构的变化、职位性质与数目的变动、人员素质的升级、学历要求的与时俱进、工作机构的不稳定、人事政策的无常、自雇人士的增长等，要由今天的数据和信息，预测几年以后的就业情况，其实非常困难。

高教扩展，刻不容缓

一个简单的问题：要是所谓"低技术"的职位聘不到人，是因为什么呢？是人们念书念得太多，还是这个行业的人员素质停滞不前？

根据我的观察，这种预测的困难，不在于预测方法有问题，或者不够复杂，而是把人一个一个地嵌到就业岗位的思路，已经不合时宜。根本的问题在于，个人是否有工作（不一定是就业），已经不可能由整个社会来规划，而是应该尽量让每一个人去寻找、去适应、去创造。也就是说，每一个人必须有更加精湛的"内功"，才能掌握"十八般武艺"，即每个人都应该接受更充实的教育。

我们现在会耻笑以前苏联的人力规划——把个人看成是国家生产机器的一颗颗螺丝钉。现在中国香港虽然没有要人们"服从分配"，但仍然潜藏着两种政策假设：劳力市场的供需平衡，是政府的责任；"乐业"与"安居"一样，是民生政策的大项。

若是眼光再放长一点，今天 18 岁的高中毕业生，20 年、30 年后会面临怎样的一种社会（包括就业状况）？这么一想，就会明白，为什么要迅速扩展高等教育，而不是"不需要这么多人读大学"。这也是周边的国家近年忽然醒悟的。也会明白，为什么职业教育正在扮演着有别于往时的角色，而不再是进不了大学的人的次等选择，这其实已经是香港职业教育成功转型的优势。

　　香港开始教育改革的时候，一个决断就是不再以经济增长、国际竞争力、人力需求等作为出发点。学生不是人力资源，是我们的子女！我们要每个子女都能面对和创造未来。这样的期望，太高了吗？

原载《信报·教育评论》（2013-10-25）

不一样的社会期望

前文谈到年轻一代的职业观念，已经与 20 世纪人们熟悉的很不一样。他们对于职业，并不那么在乎。这是因为他们的思想变了，他们身处的现实变了。还是那句老话：存在决定意识！

青年创业，不拘一格

在某省参观过几位 30 岁上下的青年合力开办的一家小型汽车厂，产品专供长者自驾上街。问他们下一步打算如何发展，他们说："迟早要规管，也许以后这种车不准上街了，到时候再找别的窗口。"在以前，也许会觉得这是投机，但是今天，绝大部分的市场都是转瞬即逝，就是要捕捉商机。

一位英国名校的法律毕业生，转战律师行、投资银行，觉得没有意思，回到英国开了一家英国式的卡拉 OK，后来居然发展成为连锁店。但是，他没有什么满足感，于是到深圳开了一家科技公司，每天从香港过境上班。问他如何才算成功，他回答："有人想收购！"结果，后来果然被更大的平台收购了。

一位颇为资深的香港保险从业员，决定离开工作多年的公司，从经纪转为"broker"。从为单一公司服务，转为为客户服务，替客户寻找最合适公司的保单。没有了公司长期服务的保障，换来个体工作的自由。

内地某地的一位青年，30岁，放弃了原来的稳定工作，从事网上经营，提供干洗服务，与便利店合作，接送衣物非常便捷。生意非常好，于是引起效尤，包括一些网上巨霸。问他前景如何，他说："中国这么大，只要我讲究质量，不愁没有顾客。"

一位也30岁左右的青年，与几位同龄人合作，在内地某省农村创业——温室种植高档草莓。生意愈做愈大，准备扩展到其他品种。这位"老板"，是艺术学院的毕业生。

这样的例子，遍地都是。甚至在非洲小国斯威士兰，还专门设立"中小企业部"，在注册、启动资本、税收各方面，都为年轻的创业者创造有利环境。

值得注意的是，年轻人逐渐离弃稳定的职位，走向小型单位或者个体工作，并不纯粹是一个量的问题。工作的性质与岗位上的要求，也已经很不一样。

以前，在科层森严的大机构，员工只要按照职位的要求，老老实实地做好自己"分内"的工作，严格地按照规章制度完成交给自己负责的"工序"任务，那就是最好的工作人员。因为整个公司（或工厂），是一个分工合作的大运作。整个设计，就依赖每一位成员按照明细的设计完成自己"那一份",整个机构就会成功。

现在不一样了。不管是在小单位、大单位的"一站式"小团队,还是个人创立的小单位,基本上都已经在工作的前线——都要直接面对客户,需要团队合作,需要与客户有非常好的关系;需要在前线提供产品或服务,因此需要在前线做方案和设计,需要创意才能应对变化莫测的环境,需要愿意尝试与甘冒风险;处处需要个人承担责任,面对种种操守的考验,面对种种道德的诱惑……

工作成败,系于个人

总的来说,个人的成败,就在于个人本身。现在,即使是大公司,晋升,往往在于个人工作的成果,而没有人注意个人在工作过程中的表现。不管你做些什么,最后一单生意做成了,就是成功。成果就是你的"表现",过程中你做些什么,不是公司最关心的。与过去的大企业,刚好相反。

在内地,有"企业单位"与"事业单位"之分。上述从事广义"生产"的,属于企业单位。大致来说,企业单位着重成果;事业单位,如学校、医院、研究机构、行政部门,则主要关注过程(医院注重的不是医好多少人,而是环境的卫生、医护人员的态度等)。在机构的演进过程中,大致来说,事业单位也许变化比较慢,比如说,医院不会以病人的病愈病死作为业绩标准。大学或者研究机构,讲究"产出",可以说是盲目地以企业模式来管治研究。但是,先进的医院,尤其是私人医院,开始出现"个案经理人"(project manager),"一站式"地由一位人员引领个别病人通过种种程序。

学校和政府部门，也许会是进展最慢的机构。

但这只是机构模式的变化。就个人来说，工作的要求完全变了。以前需要的是服从机构的整体要求，是遵从上面设计好的全盘设计，具体是按照规章制度，负自己应负的责任，完成机构赋予的具体的、明细的任务。

现在不一样了，即使前线的成员，需要有以前机构主管的素质——要有设计能力、解难能力、社交能力；能够敢于承担，勇于创新，敢冒风险，不怕失败。同时，需要有坚强的毅力，保持乐观的态度，维持正向的思维，坚持自己的原则，等等。当然，维持不断学习的意愿和能力，也许是最重要的。

从这些角度看，差不多 20 年前启动的香港教育改革，开始时提出的"乐于学习，善于沟通，勇于承担，敢于创新"，就不是随意提出的口号；背后是有深刻的根据的，也适用于工作。

不得不提到，在西方，尤其是盎格鲁－撒克逊（Anglo-Saxon）文化的英语国家，至今在讨论教育政策的时候，都把重点放在"知识与技能"。他们有他们的原因。工业社会的出现，出现了进城"打工"的现象，才有了今天的学校概念。我曾经去过美国麻省一个叫斯特布里奇（Sturbridge）的地方，这是一个过着 1836 年生活的村庄（旅游点）。我问当地第一所学校的教师："孩子们为什么来这里念书？""他们要到波士顿打工嘛。因此要学读、写、算。"他的回答令我恍然大悟，学校独钟于"知识与技能"，源头在此。才猛醒，今天的学校，其实是工业社会的产物。至今，一般的美国教师，都会把读、写、算看成是教育的根本目标。甚至教育研究，谈到学生的学习成果，绝大部分都是指学生的语文与数学的成绩。

知识技能，教育目标？

不客气地说，我认为这是一种过时的想法。"知识与技能"当然重要，而且知识与技能也在不断更新。然而，就是因为知识与技能日新月异，教育应该做些什么呢？或者说，在青少年读书期间，他们应该有些怎样的准备？有些怎样的装备？

一种想法是：知识与技能不断更新，因此教育就要不断追上日新月异的科技，就要加强青少年的科技能力。这也许就是近些年"STEM"——科学、科技、工程、数学（science, technology, engineering, mathematics）——流行的基本诱因。（也有提 STEAM 的，加上艺术，art）

另一种想法是：因为知识与技能的无限发展而无法预知前景，已经不可能在青少年的在学阶段，就让他们掌握足以终生受用的知识与技能，而是让他们养成更深层的实力与基础，足以面对无穷变幻的未来，让他们可以从容拥抱未来。那就不再是让他们在知识和技能方面多学一点、学好一点，而是让他们拥有不断学习、不断适应、不断领先、不断改革的意愿和实力。21 世纪初，内地的课程改革，主题是"学会学习"；香港上一轮课程改革，主题也是"学会学习"，都是从这个思路发展起来的。

最近有机会听到内地一所领头的师范大学的领导提出"培养人才"这个提法，我觉得有点儿问题。因为"人"与"人才"不是一回事。这一直是我的观点。知识与技能不断往前发展，教育的功能何在？

近年，有机会看到与经历许多社会的教育改革，不做教育改革的社会，绝无仅有。但是教育改革的根本是什么？教育改革是否真正面对未来？

以上的讨论，也许是一个基本分水岭。

原载《信报·教育评论》（2018-12-07）

素养·技能·能力

　　最近在几个场合，都不约而同接触到英文"skills"这个单词。看来里面大有文章。我的概念中，一直以为"skills"指的是技能。我的认识是：knowledge= 知识；skills= 技能；techniques= 技巧。据我的观察，工业社会过渡到后工业社会，知识与技能以外的因素的重要性愈来愈明显。

　　在工业社会大机构的框架里面，"分工合作"是核心原理。人人都要严格按照程序、制度、规章办事，严格做好自己那一部分工作。因此个人的道德、价值、品格、态度是不太重要的。因为在程序、规章、制度的规限之下，这些因素（也许可以称为软因素，或者可以说是中国现代的"人的因素"）是比较难以发挥作用的。整个工业社会的结构设计，就是要减少甚至消除个人因素的影响，所谓"去人性化"（depersonalization）。

人的因素正在上升

在工业社会中，知识与技能是最突出的因素。人和机器一样，都是精心设计的生产程序（或者是工作程序）的一部分。不管什么样的人，只要具有特定的知识与技能，胜任特定的程序，就可以"上岗"工作。只有在金字塔型的机构上端的领导人，才会需要有"软能力"。

但是，到了现代的后工业社会，情形就完全不一样。处处是小单位，讲究的是融合、团队、互补。讲究的是几乎每一个成员都能在前线，设计、决策、创新、解难。个人的活动空间就大得多，因此人的因素就显得重要。仿佛每一个个体，天天都处在种种道德、价值、情感、态度的挑战中工作；每一分钟都在接受这些因素的考验。

因为青年人要为明天的人生作准备，就不能满足于知识与技能，而必须在这些"软"的、人性的方面有自己的养成，方能面对种种的挑战和考验。

近年不少美国作者，经过调查发现，许多低层次而人们熟悉的"skills"正在逐渐消失；而一些高层次的"skills"则在工作中占着愈来愈重的位置。他们的观察，多少是从科技发展的角度，认为不少人做的工作正在被科技代替。但是他们也许没有看到，由于工作形态变了，人跟工作的关系也变了。

OECD 也曾经设计"成人能力"（adult competency）的研究，想通过一些应用能力（也称 skills）的测试（如读药品说明书、填写日常表格等），研究成人在社会中的生存与成功因素，引起了各方的注意。

这些例子，都可以说明，他们口中的"skills"，的确是我们所说的"技能"，而不涉及其他"软"的因素。

兴起研究人类能力

同样是 OECD，在 21 世纪初期，花了接近四年的时间，通过很复杂的研究，制定了一个"关键能力"（key competencies）的体系，里面包括三大方面：如何面对复杂的群体（"对人"）、如何掌握自己（"对己"）、如何使用工具（"对事"）。那么传统的所谓"skills"，其实只是局限于"使用工具"这一方面。

"对人""对己"两方面，则大多数涉及上述的道德、价值、品格、态度、操守等。在我们看来，这些都不是"skills"，因为他们不是"技能"。"技能"一般是可以通过培训、操练和不断使用加以累积而提高的。但是，在我们心目中，道德、价值、品格、态度、操守，是关于是非、好坏、美丑、爱恨、合理与不合理、可接受不可接受等方面的取舍，似乎无法靠操练和培训而达臻。

2010 年在曼谷的一个会议上，我听说 OECD 正在进行一项关于"non-cognitive skills"（非认知技能）的研究。他们说，在今天的社会，有许多新生问题——气候、和谐、健康、冲突等，需要下一代有充分的判断、忍耐、决心、毅力才能面对。这种"non-cognitive skills"的提法，当场就引起了一些讨论。人们对于其重要性，深信不疑，而且祝贺 OECD 又翻开新的一页。但是这些算不算"skills"，引发议论。在另一个场合，一位法国代表，就认为在法国，知识、技能、态度三者是不同的范畴，而 OECD 的这种"技能", 应该属于态度范畴。

软性能力尚待研究

拿回来资料与同事研究, 又引起新的议论。一位研究认知心理的同事马上认为,"认知"与"非认知"之间的分别, 已经愈来愈难界定。一位研究哲学的同事, 则认为西方有一派学说兴起, 认为"价值也是科学", 认为"事实"与"价值"之间的界线其实是模糊的。

据我个人的观察, 这也许正好是人类学家罗伯特·莱文 (Robert Levin) 说的, 不同文化之间, 许多概念的划分是不同的。盎格鲁 – 撒克逊的英语社会文化, 似乎比较接受"价值不外知识"的看法。因此把态度与价值也归入"skills", 也就毫不奇怪。因此有"soft skills""people skills"之类的提法。也许翻译出来, 不是"技能", 而是"能力"。"软能力""待人能力"似乎还能用中文说得通。

这其实不只是哲学概念的划分问题, 就教育而言, 就有了一个学习过程、养成过程的研究问题。人的道德、态度、价值、品格、操守是如何养成的, 现代化的研究还是很少, 也许要向古代的文明吸收营养。

(此文完成于 2010 年, 现在看来中国文字又有另外一种模糊。我们说的"能力", 可以对应英文的 skills, competencies, capacity, capability……但其实有不同的意义。最近教育界多用"素养"这个词, 可以说是一种突破, 也颇能反映中华文化的特点。要在文化之间做翻译, 难!)

原载《信报·教育评论》(2010-11-19)

知识与技能之外

近年经常听到许多教育界以外，尤其是工商界的朋友，谈到对于年轻人的期望，都会提到一些"知识与技能"以外的元素。比如某大会计师行，声言新员工做审计的具体会计知识，可以在工作岗位上很快学到，但是他们更看重的是员工的"诚信"与"敏锐"，这就超出了"知识与技能"的范围。请注意，这里绝对不是说不要知识与技能，而是说，知识与技能以外的素质更加重要，也更加宝贵。

现在前线的工作人员，需要直接面对服务对象，需要面对种种挑战、风险与诱惑。这些所需要的，都不在"知识与技能"的范围。多年前我介绍过简美莲女士的博士论文，其中一小部分研究了香港两所大学，她发觉同一学校（一样的品牌）、同一学位（一样的学历）、同一行业，应届毕业生有高低很不一样的薪酬收入——投资银行最大，可以相差 13 倍多；零售银行，5.5 倍；IT，4.5 倍；市场营销，4 倍；社工，2 倍。这种情况，在社会上也许是司空见惯，毫不奇怪，但却引发一个问题：学历与品牌都一样，薪酬何以有如此大的差异？这说明雇主对于员工的知识与技能之外，还有其他更重要的考虑。他们考虑的是什么？

机构雇人，考虑什么？

同一项研究，有一位最大投资银行的总经理，说："我们雇员之中，有完全没有念过会计、金融、经济的；有念文学的、人类学的、政治科学的，甚至经典语言（拉丁文与希腊文）。他们过去念些什么，并不重要。我要看他们的经历，看他们有没有为自己设立过目标，并为之而奋斗、过关、竞争……我们需要的是一种'winning personality'（赢取性格），因为我们是一家'winning bank'。"

这段话，很能说明社会对"知识与技能"的看法。追踪下去，某年，这家投资银行在西班牙巴塞隆那为全球新聘分析员（最基层的雇员）作入职培训。培训的内容，并非金融知识的补课。第一个课题是："How to manage your bosses？"（如何应付多个上司？）这是因为每个雇员，很可能要同时参加几个项目组，因此会有几个上司。这是关于知识与技能之外的能力。

这对我很有启发。我曾经作过学校校长的培训，也念过管理学，知道所谓命令线（line of command）很重要，也就是切忌一个人上面有几个"婆婆"。现在却偏偏要处身几个"婆婆"之下，原来的原理不顶用了。

另一个例子。多年前看过一个针对美国麻省理工学院毕业生的调查，它把知识、能力，分为四块：专业知识（动力学、流体力学、热传递等）；思想（独立思考、人际关系、系统思维等）；能力（交往能力、团队精神）；宏观视野（商业环境、市场环境、设计与测试等）。调查首先问这些能力的来源。头一项，专业知识，都是在学校学来的；其他三项，甚少是在大学学来的。调查接着就问这些能力在工作中的使用情况。结果是：专业知识使用得最少。

知识以外，天地宽广

当然，不能因此就认为大学学的专业知识无用，但是可以说明，大学学的专业知识，只是社会实际需要的一小部分。或者说，仅仅是打基础而已。

这些，其实在世界上早有讨论。1996 年，联合国教科文组织发表的 Learning: The Treasure Within（《学习：内在的宝藏》，一般称为 Delors 报告）就提出学习的四大支柱：learning to know，learning to do，learning to live together，learning to be（学会学习，学会实践，学会共存，学会自处）。这是第一次把教育提升到学习的层次，而又把学习的意念，拓展到知识与技能以外。

进入 21 世纪，OECD 经过一项全面的研究，发表了一份关于"关键能力"（key competencies）的报告，一般简称为 DeSeCo（Definition and Selection of Competencies，《能力的定义和选择》），之后又出了一些新的版本。它在许许多多的能力之中，概括出三大范畴：面对多元复杂的人群，面对自己，面对多元复杂的工具。我们说的"知识与技能"，其实只是"工具"的一部分。

可见，社会需要的人，不只是拥有丰富的知识、充实的技能。

其实，在人类历史上，从来就没有把人的素质，局限在"知识与技能"中。中国的传统，认为要"德智并重"，而且把"德"放在前面。许多亚洲国家都有相近的传统。

以人为本，早有传统

近年，在一些佛教国家——缅甸、柬埔寨、老挝——看到过传统的佛教学校。老挝，40%的学生的基础教育，由佛教学校承担，在琅勃拉邦，还有专门管治佛教学校的佛教教育部。学生们都是沙弥，清晨按照习俗上街化缘。除了佛经以外，他们的课程很现代化，有语文、数学、英文、科学，毕业后可以选择出家，或者进入社会。曾经在老挝遇到一位英文流利的导游，是佛教学校毕业的。在缅甸，参观过一所佛教学校，每天上午11点有大批施主到学校派饭。学生的学习，也是佛经、语文、数学、英语、科学。18岁可以自由选择出家。但是，这些学校，最关注的是"人"，纪律都很严格，有清晰的戒条，不可逾越。他们说，青年结交女朋友，对方一定会问："有没有当过沙弥？当得怎么样？"人们认为这是一个把人"净化"的过程。学校虽然也有现代的知识性的课程，但是重点还是在"人"。

我也到过一些中亚的伊斯兰学校，这些学校往往建在清真寺旁边。学校一般有一个大天井。进门左面是教室，右面是宿舍。除了《可兰经》以外，也是全套的现代课程：语文、数学、外语、科学。也与佛教学校相似，他们的关注点，是学生的个人修养。

把"人"的成长，看成是教育的主要使命，西方也许也是从古就有。英国在18—19世纪就已经有相当成熟的"公学"（public school，有别于后来政府资助的公立学校），就是为了教育当时经常在海外公干的官员、商人、教士的子女，以社会的力量，合力建立理想中的学校，以培养精英接班人。他们的目的也是培养"人"。于是形成了后世的文法学校、寄宿学校、独立学校这些英国精英教育的传统。而大家都知道，这些学校除了上课，有非常大量的课外活动和社会服务，目的在于在传授知识以外，让学生有充实的成长经历。

原载《信报·教育评论》（2018-12-14）

知识能力之外的素质

　　始自西方工业社会的现代学校制度，一贯只是强调"知识"与"技能"。2013 年，联合国教科文组织启动了有关所谓"非智力素质"（non-cognitive competencies）教育的研究，后收到 10 个国家的报告，颇为多元，但是总的趋势是把教育政策伸延到知识与技能之外。我为联合国教科文组织做了一个分类与分析，认为这些"素质"教育的内容，大致可以分为两个维度——一是视角：个人、国家、全球；另一个是话语：经济、社会、人文。而各国实施此类教育的方法各异，在课内、课外、校外会有不同的侧重。

类　别	经济话语	社会话语	人文话语
全球视野	竞争力	和平、谅解	全球公民
国家视野	生产总值（GDP）	人文发展指标（HDI）	公民责任 / 爱国
个人视野	就业能力	社会和谐	道德品格

横向素质

对于此类学习的名称，意见纷纭。"非智力素质"受到一些心理学家的反对，认为凡是经过大脑的，都属于智力范围。大家也不同意美国首先提出的"21世纪技能"，因为还是停留在"技能"的范畴。而在学理上最多人赞成的"affective learning"（情感学习），由于背后的理论很多人不懂，没有采纳。会后，联合国教科文组织决定用"transversal competencies"，这里且译作"横向素质"。源于我曾经图述目前学校里面的"科目"，属于一条条"垂直"的、互不相干的知识领域；而现在所谈的，则是横贯所有知识领域的基线（baseline）素质。我不觉得是一个好的名称，因为还是令人费解。

这个有关名称的讨论，其实绝对不是无谓的字眼之争。这个讨论说明这是一个当代教育甚少涉足的领域，因此一时就难以找到一个足以涵盖其意义的名称。在教育领域，仿佛这是一个新生事物。

研究的设题，集中观察在学校里面，有哪些活动含有联合国教科文组织有关"横向素质"的五个方面：明辨性（critical）与创新性思维、人际交往素质、自我修养素质、全球公民素质、媒体与信息素质。最后一项，是后加的。

从案例的取向看，各个国家，对于什么属于学校活动，就已经有了不同的理解。比如澳洲，属于西方文化，他们的研究，就完全集中在课堂实践，例如看课堂上教师是否采用小组活动，以表示教师是否重视人际交往的培养。在其他很多亚洲国家，例如马来西亚，就认为这些"横向素质"的养成，最有效的都发生在课外活动中。

也有一些国家，如泰国，发觉在学校里面，有关"横向素质"养成的元素很低，于是很容易认为泰国的教育忽略"横向素质"。但是，大多数泰国青年都会经历的僧侣教育，在社会上却发挥了很大的作用，正好属于"横向素质"的范围。

素质养成，超乎课程

这又关联到另外的一种讨论：社会的参与。有人认为应该把社会拉进学校，让学生可以经历社会；但是也有人认为应该把学生送进社会，让他们直接经历社会。

这又涉及另外一种讨论："横向素质"的养成，是否通过设定的课程来实施。大多数人觉得，"横向素质"的养成，是许许多多学生经历的综合，不能用"一个课程瞄准一个结果"的直线思维去考虑。因此，许多的"横向素质"学习，不是马上就能看到效果的。

讨论得最多的，是"横向素质"教育的测评。现在的国际思潮，是一谈到学习，就马上要追问"学习成果"（learning outcome），随即设计"学习成果"的测评。仿佛测量不到学习成果的，就不算是有效的学习。其实这是把"学习经历"与"学习成果"混为一谈，于是很忽略学习的过程。而恰恰这些"横向素质"的学习，往往是要学生有某种经历（例如服务、海外交流、学生组织），重在过程，而不可能用简单的方法来测评学生的学习成果，更不要说要立即看到学习成效。

印度在这方面，已经发展出比较全面的框架和工具，兼顾到上述的几个方面，而且已经在全国逐步推广。日本，则在 2008 年以

"热爱人生"为主题，在学校推展知识与技能以外的学习。蒙古，以"正直的蒙古孩子"作为主体，在学校中推行价值观教育。越南，选择了"横向素质"五个范畴中的两个——"明辨性与创新性思维"及"全球公民素质"，试验从政策、课程、实践各个层面，在学校生活中注入"横向素质"的学习。

越南的例子引起了注意。由一位研究工作者启动，结果共产党中央的决议、人民代表大会的决议、教育法、课程等都贯彻了上述两个元素的学习在学校中的实施。

文化传统，返璞归真

十个报告，以及引起的讨论，其实是在冲击着针对课程的一套流行的思维程序：目标、大纲、内容、课本、教学、测评。这是一套极为分析性（或曰分拆性）的思维程序。而"横向素质"的养成，则讲的是人的总体发展，是许多实践和生活的沉浸，不是许多零散的碎片合成就可以的。

超乎知识与能力来考虑教育，联合国教科文组织的亚太办公室可以说是全世界的先行。这也许是由于亚洲的许多国家，在工业革命以前，就拥有相当丰富的文化传统，超乎知识与能力，超乎纯经济观点，以全面发展的"完人"观点对待教育。现在工业社会正在让位于所谓的后工业社会，纯粹的经济话语，纯粹地把人看成是人力资源，已经不能呼应社会的需求。而亚洲社会对"横向素质"的重新重视，重新正规化，其实是有其文化传统根源的。

这些亚洲国家，一贯认为自己的教育落后，并不一定意识到这是一种悄悄的"返璞归真"，是恢复工业革命以前的教育文化传统。不过这些文化遗产，不是简单地"复古"就能面对瞬息万变的新社会。但是，若不小心，勉强地把"横向素质"硬塞到逐渐过时的正规"课程"范式，以为不过是课程的另一个分支，那将是极大的不幸。

原载《信报·教育评论》（2014-11-28）

孤立的个人，
坚强的个人

　　前面我提到社会根本性的变化——经济形态：从大量生产转为少量多款；机构形态：从大型科层架构走向一站式小单位；职业形态：从稳定长期变得飘忽莫测……因此，年轻人的工作形态，也随之产生根本性的变化。这些都是根本性的、全面的、不可逆的变化。

工作之外，生活多变

　　然而，即使是宏观的社会变化，也还有其他方面会深深地影响教育。其一，前面探讨的，基本上还是围绕着工作与职业。其实，产生根本性变化的，并不局限于工作，也就是不限于人们的经济生活。只要闭目想一想，我们天天面对的，唯一就是工作吗？让我们烦恼的，令我们高兴的，唯一就是工作吗？人的生活的每一个部分，都在产生变化——家庭生活、文化生活、政治生活、灵性生活（宗教）、余暇生活、学前生活、老年生活等，都在产生前所未有的变化。

这些变化，都会对于人的相互关系、内在涵养，有更高的要求。举个例子，很多地方都进入老年社会。老年人会过着怎样的生活？老年人固然要学会自处，其他人如何学会对待老年人，是一个关键。另一个例子，现在大家都知道，孩子从胚胎开始的经历，比入学后的经历更加重要。做父母的如何学会对待婴孩，是一个关键。再一个例子，社会上充满诈骗、欺凌、贪婪、侵占等意识，终会让法治与秩序没了社会基础；假如下一代没有基本的信仰、信念和目标，家庭、小区、社会、国家如何能够生存下去？这些都是非常现实的问题，不要以为是唱高调。

其二，再也无法把现在的世界看成是太平盛世。无法假设，前述的社会根本性变化，将在和平的环境下发生。这里再一次罗列"乱世"的一些基本现象——人为导致的天然灾害、异常频繁的人为意外、难以预测的经济危机、汹涌难挡的跨境难民、烽火处处的战争危机、难以逆料的恐怖袭击、此起彼伏的独立运动、不论贵贱的造假欺骗……

大约三年前，我开始在我的报告中罗列这些"乱象"，那时候只有 7 项，目前是 13 项，也许还会增加。这不需要任何研究，每天打开电视，起码有四五项。顺便一提：上网看看，光是 2018 年 12 月 19 日，全球就有 106 起恐怖袭击，好不骇人。

全球乱局，如何准备？

面对这样的世局，我们的年轻人有准备吗？不要说年轻人，我们年纪较大的，有准备吗？目前整个中国相对稳定，但是，在这全球化的环境之下，我们可以独善其身吗？（此文见报时，还没有2019年香港发生的事件，也没有2020年的全球疫情。）

此外，社会的根本变化，还有科学技术急速发展的因素。科技发展会改变人的工作方式、生活方式、人机关系，社会上已经有很多的讨论——机器会取代人类的工作，人类会过着更加不需要劳动、不需要互相接触的生活，人类会活到120岁……今天在地铁上看到的人人"低头"的现象，也许只是科技影响人类的开始。然而，有一些方面——科技的发展正在制造更多的社会危机，人们把虚拟能力当成是自己的能力，科学家把延长寿命当成是提高生活素质……这些，后面的文章会再讨论。

罗列这些令人不愉快的乱象，不是为了吓唬读者，而是展现残酷的现实。我们面临同时发生的两方面的挑战：一方面，社会变得变幻莫测、复杂、模糊；另一方面，个人也失去了稳定的依靠和保障，前景也是变幻莫测、复杂模糊。

简单来说，个人愈来愈自由了，但也更没有机构的保障了，也可以说变得愈来愈孤立了。

这是一个根本性的变化。可以这样说，不亚于接近200年前从农业社会走向工业社会的变化。农业社会，人是被束缚在土地上的，是受不可控的自然世界支配的，是作为家庭的一分子而生活的，但是人们的工作和生活是稳定的、可测的，也是比较简单的。

环境变幻，自求多福

工业社会，人被解放了，可以离开土地的束缚，愈来愈为自己建设不受自然支配的环境，也逐渐可以独立于家庭而生活。但是，人又落入了机构，在机构的庇荫下，在"职位"（job）里面工作；也堕进了"行业"的框架，以行业身份示人。比起农业社会，人是更自由了，但是却孤立了。人们熟悉的不少英国文学作品，就是工业革命初期社会的反映，描写的都是农村破产以后基层工人的惨状。但是，逐渐地，人们习惯了工业社会"安居乐业"的生活，在行业里、机构里过日子。

这种安稳的情况，即使不是在战争年代，也已经逐渐在减弱。前述的"不对口"就业、转工转行、个体创业，已经在很多年前就发生了，不过以前也许只是发生在一小部分人身上，现在则变得愈来愈普遍。

现在，进入"后工业社会"，人又进一步被解放了。正面的是个人更自由了，负面的是没有了可靠的保障。正如前文所说，由于机构和雇主已经难以对下属作出长期的、确定的承诺和保障，个人也难以对机构或雇主有长期的、稳定的期待。面对纷乱的社会，人们愈来愈需要"自求多福"。个人也必须变得更加坚强。

以上这些，也许对于在社会上工作的朋友来说，就是每天发生的事，没有什么新鲜感。但是如果把这种种现象，联系到我们的教育，也许就会令人大吃一惊。我们的教育，基本上是让学生获得学历，准备就业。这是"种瓜得瓜，种豆得豆"的种植思维，也可以说是"根据设计制造出特定产品"的工程思维。

但是，看看周围的社会——变了的社会，还在不断变动的社会，变动幅度愈来愈激烈的社会——就会明白，教育要为我们的下一代应对他们的将来，必须改变教育中的基本理念。这个理念，香港20年前的教育改革算是开了一个头，但是前面还有漫漫长路。那也难免，因为教育这座堡垒，非常坚固，盘根错节，一时难以有大幅度的改变。但是，认清了方向，就不会走回头路。明白了方向，就不会斤斤计较具体的科目、考试、分数，就不会对于个别学生在个别时刻的成败耿耿于怀。

作为前线的教育工作者，一时难以超越大环境、大制度的规限，但是如何看待面前的学生，是每一位教师都可以努力的。

原载《信报·教育评论》（2018-12-21）

科技与未来

写这篇文章以前，之前几篇文章见报以后，引起了读者的不同反应。有的表示支持把年轻人的观念描绘出来，因为他们代表未来，而不是想当然地认为他们叛逆、幼稚。也有的表示不相信社会已经有根本的变化，因此即使有陌生的现象，都是很个别的例子，或者都是不正常的；言下之意，迟早会回归"正常"。也有认为社会发展是周而复始的，迟早会回到"正轨"。但是同时，又不断听到年轻人离开了高薪的职位，干自己喜欢的事——独立创业、转为个体工作者、从事艺术创作、开办餐厅、开垦农庄、开展另类教育等。

西方文化，偏重科技

但是谈到大环境的变化，除了社会结构与世界乱局，还有一点是不能回避的，那就是"科技"。值得一提的是，西方的观念，尤其是英语系的盎格鲁－撒克逊社会里，是把科技看得很重的。记得上任香港大学校长马斐森，在受聘前的教师咨询会上与我们交谈，我问："简要来说，您认为高等教育的未来会是怎样的？"他的答案是一个词"technology（科技）"，大家面面相觑。到美国，谈到未来，总是谈科技。他们会谈到，在未来多少年之后，现存的职位（jobs），有多少将会消失，有多少个行业也会消亡。他们会认为，科技愈来愈发达，而且发展得愈来愈快，将来的工作，需要工作人员具有掌握高科技的能力。年轻人要准备应对未来，就要学会与科技打交道，于是把 STEM 放到教育最重要的位置。

科技——VR、AI、大数据、云计算等，是 2018 年才忽然"火"起来的。但是，科技的不断更新，并不从这些开始。就人类的沟通科技来说，电话打开了遥距通讯的先河，跟着是电报又打开了新局面，随后有了有线电台、无线电台，直至电视。从有线到无线，一步步扩充人的能力。然后是电传，跟着是计算机带来的电邮，然后是手提电脑与互联网，之后由于有了手机而衍生出流行的 WhatsApp、WeChat、Line、Facebook、Twitter、Instagram，等等。科技不断有新的发明面世，从来如此。不同的是，现在的科技创新，速度比任何时代都快，变化的幅度也比任何时代都大，也许对人类生活的影响也比过去大得多。

面对一项新的科技发明，人们往往是喜忧参半。喜的是可以做以前做不到的事情，古代神话里面的"顺风耳""千里眼"，逐渐成为我们的日常惯用。忧的是这些发明，总会带来未知的效果，难免会担心阿拉丁神灯释放出来的巨人，会不会祸害自己。记得在上世纪 60 年代末期，电视机逐渐普及，就有香港热心人士编了一首粤语童谣："睇电视，害处多；电视教坏啲细路哥！"（看电视，害处多，会把孩子教坏！）

科技猛进，喜兮忧兮

值得思索的是，科技的不断发展，到底会为人类带来什么影响？好的是什么？不好的又会是什么？现代社会逐渐离散，或曰个人化，也有人说是碎片化，科技发展的方向，肯定为这种社会趋向提供非常有利的环境与条件。现在是真正的"足不出户而能知天下事"。又比如说，现在的科技，让家中办公（home-office）、共享办公室，变得非常容易。在芬兰，20%的公务员，在共享办公室工作，他们大部分时间在家中办公，有需要才上网找政府里面共享的办公桌。这种情形，只会愈来愈普遍，下一代也许大多数人会进入这种形态。他们固然需要懂得靠自己掌握千变万化的科技新发明，但是与种种群体若即若离，不断应付短暂的人际关系，却不是掌握科技就可以面对的。

我们进入了电子网络世界，相当大部分的人类活动——沟通、交易、会议、设计，乃至医疗、集体写作学术论文——都可以在网上进行。在内地，付款用现金，都会感到有点儿尴尬，因为几乎人人都用手机付款；名片之交换，也逐渐被微信"扫一扫"替代；商店，也逐渐被网购取代；饭店，也会被网上购餐送货取代……即使在国外，拦截的士也渐成过去式，代之而起的是手机呼唤与付款；游客拿地图问路的少了，用GPS寻路的愈来愈多……所有的中介工具——货币、名片、商店、的士站、地图——也许都会逐渐消亡。

这些方便，却不是没有代价的。很多年以前，数学教师就觉得，在黑板（或者白板）上做数学运算，是一个逐步推导、逐步解拆的过程。这个过程，也是学习数学非常重要的环节，如果用 PPT（或者过去的高影机幻灯片），把数学（或者其他科目）的方程式，一下放映出来，就会失去了运算的过程，非常不利于学习。从香港大学转到深圳大学的语言脑科学家谭力海，就提出一个实证研究的观察：学生从小用拼音输入中文，不大写字，违反了学习中文的脑神经规律，会引起后期的阅读困难。我的推论，如果把汉字纯粹看成是口语的中介工具，中国的文字和文学体系将会遭到很大的破坏。

取代人类，代价堪虞

我们已经处于的也是一个虚拟世界。今天，香港已经有教师利用虚拟技术，让学生走进宋代的街道，走进古罗马的市集。科技可以让学生漫游人体的内部，已经不是什么新鲜事儿。现在教物理、化学，可以用仿真技术，把平常不容易用肉眼观察到的东西，放大、缩小、放慢、加快，变成可以观察的现象。但是，虚拟世界，也可以成为谎言与诈骗的乐园，这已是生活常识。在新的社会环境中，如何分辨真伪？ 20 世纪我们熟习的能力已经不够用。（关于这点，本书另有文章详细讨论。）

另外，最近北京师范大学郭华教授提到，现在的人容易把机器的能力当成是自己的真实能力（大意）。的确，孩子们在玩电子游戏的过程中，打败了一只恐龙，就以为自己真的可以打败恐龙。在电子游戏中可以攻破一道城墙，就以为在实际生活中可以无坚不摧。

推而广之，人们也容易把虚拟的能力当成是自己真正的能力；把人工智能当成是自己的智能。这又牵涉到另外一个问题，现在流行IoT（internet of things）——物联网。例如，可以让人用口令控制全家的电器开关。这种方便，换来的是什么？看过一个广告，一个偌大的办公室，下班后，一声口令，可以让所有的椅子整齐地滑到办公桌下面，这里面省掉的是什么？且不说往往这种种的方便，最后是省掉基层的劳工，或者是简单的文书（现在经常在谈论的是法律、会计）。制造出来的失业代价，人类有准备吗？不断发展机器智能，怀着的是"人定胜天"，却只有微弱的声音在讨论"人机关系"。总有一天，人类会吃亏。

郭毅可教授，当年是英国帝国理工大学数据研究所所长（现任香港浸会大学副校长），一次在香港作讲座，讲机器将可以替代人的许多活动。在场作评论嘉宾的宝莲寺方丈净因法师说："有机器替我烧饭、洗衣服，那不错，可以让我静心修行。"但是接着说："机器可以代我修行吗？"引起哄堂大笑。谑言之中，深藏智慧！

所有这些，能说与教育没有关系吗？

原载《信报·教育评论》（2018-12-28）

后生可畏

看到报道，美国的奥巴马总统刚刚委任了萨琪雅·史密斯（Zakiya Smith）为白宫的高级教育顾问，专门从事高等教育的政策工作。新闻的焦点是：萨琪雅只有 27 岁。

27 岁就成为总统的幕僚，而且关系到全世界最大最活跃的一个高等教育系统，这从任何角度看都是新鲜事儿，也是发人深省的事情。

萨琪雅毕业于范德堡大学（Vanderbilt University），修读政治科学与中学教育。念大学的时候，她就立志要投身教育，而且希望到教育部工作。当时的教授觉得她大言不惭，说现在的政府如此轻视教育，也许教育部很快就要关门了。但是她没有停止她的梦想，取得了在中小学教授社会科的教师资格；做了许多份义工，帮助人家解决教育的难题。后来终于获得一个机会，为同乡的一位议员当助理；又在哈佛念了教育硕士。进入白宫以前，她在教育部当过一个委员会的政府关系秘书。

这位年轻的高级顾问是否真的很有本领，奥巴马对她的任命是真的独具慧眼，还是另有政治思考，不得而知，也无关宏旨，却引起了一连串的联想。

记得 2003 年在梵蒂冈参加一个"脑、心、教育"的国际研讨会，是直属天主教教廷的、伽利略创立的"宗座科学院"（Pontifical Academy of Sciences）的四百周年纪念会议。宗座科学院本身有许多院士，都是世界知名的科学家。许多都是老人家了，有几位 80 多岁的，拿着拐杖，由人搀扶着，颤抖着地坐到前排。

应邀出席的教育家，一般也都上了年纪。心理学家，大都在中年。轮到脑科学家，则都年轻得出奇。还记得最年轻的一位，只有26 岁：在哈佛念完博士，被哥伦比亚大学聘去当教授，学校马上让她独立主持一个实验室。

去年年底参加美国国家科学基金（NSF）的"学习科学周年会议"，在座的一百多人里面，估计博士生和博士后研究员占了起码80%，都是不过 30 岁的青年研究员，却都独当一面，有自己的研究成果。即使是其他的正规学术人员，也大都是 40 岁左右的中年人。我估算过，NSF 属下六个中心的进行学习科学研究的人员，大概 800 ~ 1000 人，起码 90% 是 30 岁以下的年轻人。包括 NSF 资助以外的研究人员，美国全国大概 2000 多人，绝大部分是年轻人。

其实不只是脑科学，其他很多学科，都有大批年轻而又有成就的研究员。就看看校内新聘的教授，很多都是年轻人。尤其是一些新兴的研究领域，例如基因、干细胞、纳米技术。即使是比较传统的学科，像化学，香港的支志明、任润华两位中国科学院院士，受聘的时候，都只有 30 多岁。

年轻化，当然不止于学术领域。只要搭一趟香港去北京的飞机，大批大批的是穿着黑色西装或者套装、白色衬衣、带着轻便行李的青年男女，八九是某种投资行业的少年得志者。他们毕业不久就赢取重要职位，随时掌握着数以亿计的资金运转。

年轻人缺乏经验，而智慧往往是经验的累积。这是我们常常相信的。然而，年轻人有年轻人的智慧。现代年轻人的一个特点，是"快"。他们动作快，脑子也快，适应和运用新科技快。他们的"快"，可以抵消许多上一代人的经验，因为他们可以以极快的速度，不断尝试、不断摸索。初生之犊，由于不怕失败、本钱很多、包袱很少，因此很快就能学会一样本领。

这几天在纽约开一个教师高峰会，许多国家的代表都不约而同地提出，由于科技的发展，教师已经守不住知识传授者这个角色，因为如果教师的价值只是知识，学生随时可以轻易超过教师。

当然，有人会说，社会经验的累积是急不来的，没有快捷方式。也有人会说，就是年轻人莽撞，所以才出现了那么多的财政缺失，甚至酿成大范围的财政危机。这话也许对。但是，一则，这种现象出现的时间还不够长，现在还难以作准确的结论；二则，也有不少年轻人，很快就掌握了社会交往的要诀，可以与年纪较大的平起平坐地共事而毫不逊色。以前在大学宿舍当舍监的时候，我就很有感受。中学毕业进来的时候，明明是少不更事的一群，但是一两年之间，就明显地看到他们迅速成熟，因此结了不少忘年之交。在处理宿舍里面的种种策划、决策、纷争、分配，他们有一套办法，是我们"世故"了以后就无法比得上的。

之前在一个宿舍的 20 周年晚宴上，我遇到当年宿生会的一位主席。学生时代，刚好是"非典"肆虐的当儿，不宜聚会，因此新的干事会迟迟无法"上庄"（实行就职也）。记得我们在天台空旷的地方大辩论。我们一众导师以"安全第一"为理由，理直气壮地希望他们不要照常规办高桌晚宴（隆重的正规晚宴）。主席与她的"内阁"，主张照办，理由是，"非典"何时遏止，无可预料，是否就永远不要有交职典礼？我当时说："我不同意，但是如果干事会是经过深思熟虑决定的，我会支持。"结果度过了一次终生难忘的交职典礼，大家戴着口罩、手套，而且事前制定下一套规矩，众人不得违反。大家高高兴兴地过了一晚，而且全宿舍都觉得有成功感。

参加典礼的时候，我百感交集。客观情势只有一个，但是可以有两种基本不同的取态。我们当导师的，觉得疫情当前，明知山有虎，何必偏要冒险而行？年轻的学生，觉得"非典"不过是大一点的障碍而已，可以用大一点的努力来克服；他们也绝对不是率性而行，而是做了充足的防御措施。我是从心底里佩服：真是后生可畏！

因此，不是说年轻人与年长的意见不同的时候，一定就是年轻人不懂事或者莽撞，而是他们有他们的思路，有时候也许幼稚，但是更多的时候是他们在走我们不敢走的路。

进一步推而广之，对于少年儿童甚至婴儿的能力，我们的估计往往远远低于他们的实际。我们对于他们学习的过程，很不理解；对于他们的举动，很不放心。以为我们有一套叫作"教育"的善法，要跟着我们走替他们铺排的路，他们才会学习。殊不知这套方法、这些"路"，也许刚好是限制了他们的学习和发展。但是这种误解，已经经过了许多世纪，我们已经习以为常。

原载《信报·教育评论》（2012-03-16）

人人都可以成为
知识分子？

后工业社会的发展、服务行业的占主流、科技的发展，令所谓脑力劳动在社会中的地位逐渐远远地超过体力劳动。或者说，脑力劳动与体力劳动的分界线，将会愈来愈模糊，说不定会成为陈旧的概念。而我们的教育制度，还在不断地产生只适宜从事体力劳动的人，而社会又不善于让原来从事体力劳动的人，转化为脑力劳动工作者，于是出现了严重的社会错配。教育没有能够完成它的社会使命。

因此，教育改革不是单单的"改善"教育，而是需要一些根本性的变化，方能应对社会变化的挑战。教育改革的目的，也不是狭义地为了经济发展，或者所谓"培养人才"，而是让每一个个体都能在知识社会中健康地工作和生活。这应该是任何社会发展教育的基本目标，也是三年前提出教育改革时的一个基本出发点。当时就有这样的提法："人人都做知识分子""不放弃任何一个学生"等。后来提出的终身学习的概念，也不是作为教育理想，而是作为社会发展的必需而提出的。

三年的发展证明，即使是"让每一个人都能够不断学习"这样看来毫无争议性的目标，也不是不需要一番辩论与挣扎，才能成为社会的共识的，才会真正成为教育界的奋斗目标。

第一，人们对于考试、淘汰、筛选的观念。记得香港刚宣布取消升中学测验的第二天，在电台作讨论，主持人气势汹汹地批评说："你们这是逃避、是退让、是放弃。"他的观点是，没有考试、没有筛选，就不会有竞争，也不会有勤奋、努力。"我们都是这样过来的"。照这种观点推论，要是人人都能升学，就一定要降低门槛，即香港人说的"放水"，结果必然是学生水平大幅度下降；改革，必然越改越糟。

其实，升学人数多少、竞争是否激烈、学生水平高低，是并不完全相关的三个方面。香港目前大致的情况：升学比例很低，竞争很激烈，学生知识水平却可以很糟。这其实正是改革所要解决的。教育制度里面，竞争是难免的，但是激烈的竞争，并不保证带来高质量的毕业生。

竞争，多少与文化有关。在东亚文化里，不论多少年轻人能够进入大学，竞争必然长远存在。升学的人多了，竞争未必减弱，我国台湾就是一个很好的例子。台湾今年开始取消联考，大学学位实际上也已经供过于求，但是升入大学特别是名牌大学的竞争，丝毫没有减弱。而升入一般大学的竞争，从来就不太激烈，但又不等于这些大学不会产生高材生。新加坡也有类似情况，大学入学率几年内几乎加倍，但是竞争并没有减少。他们的解释是：升学的人多了，不能升学的更加是少数，人们因而更加愿意为进入大学而努力。

但是，竞争又并不是有效学习、水平卓越的保证。现在香港不少知识分子的父母，把子女送到国际学校，或者出国，恰恰都是为了避开过分激烈而又无效的竞争。竞争厉害的教育制度可以产生优秀的毕业生，竞争不那么厉害的教育制度同样可以产生优秀的毕业生。不论多少人能读大学，也都有提高学生水平的问题。提高学生水平，要讲究学习风气、道德修养、社会良心等大学文化。升学的人少了，学生就卓越；升学的人多了，学生就平庸。这往往是人们持有的假设，其实并没有这样的规律。果真如此，只说明这种教育制度水平很低，已经过时，只懂得教育少数的学生。

反观周围的教育体系，都在迅速扩展高等教育。OECD 国家，从 1995 年到 1999 年，平均高等教育增幅是 15%，东欧有些国家增幅可以高至 80%。中国内地自 1999 年以来，高等教育学生人数翻了一番。社会前进了，需要我们让更多的孩子接受高等教育。社会观念也要转得过弯来，重新认识学生的潜力；教育制度本身也要更新一下，学会让更多青年人接受高等教育。

第二，有关派位的观点。必须说明，像香港如此的派位制度，在世界上是极少的。绝大多数的教育制度，中小学都是就近入学。把学生按成绩分等，并以此为基础，用人为的方法把学生分配到不同的学校，在比较成熟的教育制度中，是很少的。1978 年设计派位办法，是为了取代深深害苦小学生的"升中试"，有当时的历史价值。但是 20 多年下来，派位所代表的，已经是陈旧的观念、过时的方法。

习惯了派位制度，学校就指望自己的学校派到好一点的学生，就会斤斤计较收来的学生的等第，就会把学生在入学时的成绩差异看得很重，就会形成学校之间争夺学生的意识，等等。而这些，没有一样是符合教育原则的，也不是别的地方的教育工作者所关注的。希望"得天下之英才而教育之"，当然是人之常情，学校之间收生有差异，也是顺理成章。但是把十几岁的少年硬性按一时的成绩表现严格分等，并且把这种等级制度化，变成学校为之而日夜担心的寒暑表，甚至变为日夜奋斗的目标，其实是极为乖劣的一种现象。

学生无疑是有差异的。但是，其一，这些差异是我们特定的测量造成的，换另一种测量方法，学生的排列可能完全不一样。现在有些小学每一科都着重默书，学生其实就按默书能力而被排列；假如换了着重创作，排列就会很不一样。这样的差异，不可以过分认真，否则会自我困扰。其二，这些所谓差异，从学生的长远发展来看，其实是无足轻重的。一个人的一生很长，离开学校以后，还有许多学习、努力、变化的机会。只要看看，40开外的人，其成败，与中小学时期的学业成绩，其实有多少关系？因此，是教育制度本身造成的表象，把自己的神经弄得非常紧张。许多学生，往往就是在这种意识下被教育制度看不起、看不惯，被排斥、被放弃。学生因而看不到自己的价值，一生以为自己是注定的失败者。

君不见，其他邻近的教育制度，也普及了基础教育，文化也相近，却没有如此多的失败者，为什么？君不见，许多在我们的制度中被判为"箩底橙"（最蹩脚的货色）、"没得救"的青少年，到了别的制度却可以顺利进入毫不逊色的大学，而且顺利毕业，为什么？

然而，被我们自己的设计所养成的意识，已经充分地蒙蔽了我们自己。在派位办法的改革讨论中，也许研究得很多的，是如何减少改革的震撼，而甚少触及改变人们对派位的意识与迷信。因此，讨论的时候大家勉强同意，实施起来，人人都觉得自己吃了亏。不触及对学生差异的迷信，就会因为学生等级的稍微下降，或者是等级差异的扩大，而觉得束手无策，怨气冲天；而不会想到在新的形势下，设计新的对策，创出新的天地。

在这里，天天在苦心教育所谓"能力低下"学生的老师，以及专门照顾有特殊需要学生的工作者，应该受到全社会的致敬。他们对学生抱有的信心、给予学生的希望，足以令许多条件好得多的教育工作者汗颜。但他们的精神，却恰恰是知识社会的教育所必需的。没有他们这种精神，就不会出现"人人都是知识分子"的社会。

不记得在哪里听过一句话："不相信学生会成功的学校，一定不会是成功的学校。"同样，"不相信学生会成功的教育制度，一定不会是成功的教育制度"！

原载《信报·教育评论》(2002-02-15)

教育也要变

知识建制逐渐崩溃?

　　下一代面临的社会,将与我们熟悉的社会很不一样。个人未必再长期固定在单一的行业里,他们可能被迫或者自愿不断转工;即使在同一种工作、同一个单位中,他们的工作也会不断转变。同时,自雇的、待业的、游离职业的个体户,也会愈来愈普遍。这是指工作,个人的生活也将随之而不断转换、不断变更。

　　我们的教育,是否在为我们的下一代准备这样的生活?

　　教育讲的是学习,我们就看看在前述的环境中,学习的需求起了什么变化。下面列举一些目前比较明显看得到的变化,不少在本书中曾经讨论过。

　　第一,知识本身在变化。知识不断膨胀、不断更新。也就是说,我们拥有的知识,正在不断陈旧、不断贬值。由于工作和生活的不断变更,我们所需要的知识也在不断变化——知识的内容、领域、分量、种类,都在不断变化。

第二，学习的需求在变化。工作和生活，都需要人们不断学习、随时随地学习、终身学习。工作和生活的变化，愈来愈需要人们自学，也就是在没有指导的情况下，按照个人的需要和特点，设计和安排自己的学习。知识社会的工作环境，要求人们懂得在使用中边做边学，按需学习、及时学习。知识社会的工作形态，要求人们懂得在集体讨论、集体创作的过程中学习，懂得把个人的学习与他人的学习融合在一起。知识社会的工作形态，要求人们不只要懂得回答问题，还要学会提出问题；要学会质疑现状、突破现状。知识社会的工作形态，需要人们学会在群体中、在极少规章制度的状况下、在上下尊卑不太明显的组织中，与人相处、与人共事。

这些，在许多实际的工作环境中，已经是常规，而不是什么未来的远景。但是，教育要能追上这些需求，还有一段路要走。不过，教育（或曰学习）其实也已经起了变化。

第三，学习机会无限增长。

各地由于教育制度的发展与改革，中学后的正规教育机会显著地增加。以前谈过，OECD 成员国从上世纪 90 年代开始，高等教育大幅度增长；东亚的中国、新加坡、韩国的高等教育也普遍大幅度扩展。

各类的非正规（nonformal）的学习机会，已经远远超过正规教育，成为最大宗，或称持续教育，或称成人教育。在业人士作有系统的学习的会愈来愈多。在 OECD 成员国，业余学习的占就业人口的几乎一半。而在中国香港则近乎四分之一。

网上课程会愈来愈广泛。零碎的网上课程浩如烟海；网上大学、大学的网上联盟，虽然时有起伏而兴衰不一，但正在不断调整，总的趋势仍然是往前发展。麻省工学院带头宣布在网上逐步开放所有课程，正在引起广泛的讨论，也间接对"版权"概念形成了挑战。

因 WTO 而引起的全球性的"教育输出"，也在全球增加了前所未有的、跨国界的学习机会。最大的输出国澳大利亚、英国和美国，正在许多发展中国家设立分校、提供教育咨询、提供训练课程。

由于科技的发展，获取知识的渠道也发生了变化。数据和信息性的知识，已经愈来愈多地能够从网上获得，不必从学校、图书馆、博物馆等机构获取。

也因为科技的发展，知识性的学习逐渐趋向个人化，也因此变得普罗化、平等化。

学习的方法、模式、过程、途径，趋向个人化、个别化，也由此趋向多元化。套餐式的学习程序将愈来愈少。

知识建制受到挑战。

由于以上的种种发展，个人的学习机会不再容易受到机构和制度的影响。学校（泛指学习机构）挑选学生的情形，正在迅速变为学习者挑选学校。在业的持续教育，早已如此；现在这种情况正向正规大学和中小学慢慢靠近。

因此，学历的意义已经需要改写。起码，学历已经逐渐失去了它的永久性意义。学历原来是"饱学"的证明，但也是对未来的保证。在需要终身学习的今天，这两层意义都会受到不断挑战。

院校颁授学历的权威，因而也正在受到挑战。韩国和新加坡的"学分银行制"、澳大利亚的研究生个人拨款（等于学券），都在削弱院校的学历权威。

总的来说，学习机构控制知识的状况正在迅速减弱，说得直白一点，是正在迅速崩溃。由于知识分配的转移，或者更准确地说，知识控制权的逐渐消亡，整个社会的知识建制（institution）已经不能反映知识的实况，也不再能适应社会的现状。在知识型社会中，财富的分配、阶级的划分会是怎么一回事，还需要许多人好好地研究；但是知识在这样的社会中，角色肯定会很不一样。看来，学历用于人力分层的功能，难以维持下去。一场知识建制的大变革在所难免，或者说已经在酝酿之中。

因此，知识社会的教育变革，有个人需求的因素，也有社会总体建制的变化因素。教育改革，不能局限在原来的教育制度里修修补补。也可以说，这样的修修补补将无济于事。

（这是 2002 年写的文章。最近几年，美国和澳大利亚，都出现大学生退学有增加的趋势。值得注意的是，退学的原因，不再限于经济困难或者成绩不佳。这也说明一纸文凭的价值正在下降。）

原载《信报·教育评论》（2002-04-20）

　教育之变

知识的喂饲

同事陆慧英、陈桂娟一直是国际知识建构（Knowledge Building）网络的成员。日前主持了一个中国香港、加拿大、意大利三地学者的视频会议，谈的是知识建构与改革经验。话题是加拿大的学者提出的：对于学习的理解有了许多进展，各地学者也颇有共识，为什么在真正的教育改革中，却好像见效不大？在他们眼中，香港似乎是认真地用知识建构的思路去设计改革，因此很有兴趣了解我们的看法。在他们看来，我们是走在前面的。

加拿大朋友提出的问题带有普遍性。我的理解是：关于学习的讨论，与关于改革的讨论，不在一个层面上，因此有一点互不交锋。

刚好同一天，在另一个视频会议，问起一位外国的研究教育领导（educational leadership）、学校改进（school improvement）的专家，在他的研究当中，关于学习的理论起了什么作用。他说："对！我会研究机构学习（organizational learning），我也会研究教师的终身学习。"可见，在他的研究框架里面，没有学生学习这一块。

据我的观察，20世纪60年代、70年代，教育改革基本上是体制层面的改革，人们关心的是教育体制的规模（如入学率、辍学率、毕业率）、结构（如普通教育与职业教育的比例、高等教育的规模）、效益（教育体系的内部效益、外部效益）、财政（谁负担什么）、公平（公营与私营的比例）、规划（长远的考虑、教育与其他部门的关系），等等。

到了80年代，人们发觉，学生进了学校，并非故事的终结，还要看学校做了些什么。教育改革的重心，逐渐下移到学校。改革的话题，是学校管理、教育领导、员工发展、员工评估、权力下放、学校文化等；这就是当时的所谓"高效学校"（Effective School，当时在西方只是针对低效学校，"高效"也许是错译）运动。

90年代开始，研究教育的重心再次下降，下移到学生。如果你到一些主要的教育会议看看，例如美国教育研究学会（AERA）、比较教育学会（CIES）等，几百篇论文之中，研究大制度与研究学校的愈来愈少，研究微观教育课题的愈来愈多：研究学生学习心理的、语言学习过程的、班级大小的、教师成长的、家庭与学校关系的、学生多元发展的、考试测验的影响的，比比皆是。

但是教育的改革却有点儿追不上教育的研究。在学生学习层面的改革不是没有，但是局限在局部的学校或者学区。有些改革，其实是触及学生学习的。例如从医学教育演化出来的"项目化学习"、学生学习档案替代考试的尝试、用学习群体替代班级的尝试、运用社会资源支持学校、动员专业人员进入学校、改造学校建筑模式，更不用说模糊科目界线和专注通用能力的课程改革。这些都是从学生学习出发，挑战传统教育模式，谋求让学生有真正的学习。

但是，正如加拿大的一位学者在视频会议上说的：教育制度容易让事情僵化。说要采取活动教学法、项目化教学、发展学生学习档案，很快就会出现僵化现象。对于香港来说，当然一点儿也不陌生。现在的课程改革，一不小心，学校很容易把学习领域弄成变相的"科目"，结果学生的学习也许没有变化。大学三改四，要不是所有大学都决定把增加的一年用作通识学习，很容易就变成膨胀了的三年专科教育。

这种问题的出现，起码有两个原因。

第一，教育改革，大多是公营教育改革，是政府行为。虽然各国的公营事业有私有化的趋势，学校也许是私有化最困难、最勉强、最缓慢的机构。其中的原因这里暂不细述。但是很明显的是，面对庞大的学校系统，大多数政府采取的态度仍然是"管"，而不是"放"。这也许是一种全球现象。

因此，当教育应该发挥学生的个别学习潜力的时候，政策的焦点可能反而放在加强统一考试上（例如美国）。当学生的表现应该用全面的、总体的、模糊的方法去表达的时候，政策的走向也许是追求更精确的指标体系（例如英国）。当教育应该把注意力放到学生个人的学习上的时候，政策的注意力则反而旨在管好教师（这点美国最明显）。

第二，学习科学（Science of Learning），这是人类关于学习理论的升华，但是往往停留在学者的圈子里，不容易被一般的教师或者高层的决策者理解。比如说，学习理论的一条核心：学生学习，不是知识的传递，因此教师教学，也不是知识的喂饲。学生因此有各自建构知识的途径和成果，学校的功能，应该是如何让尽量多的学生有尽量多的学习机会。

目前的学校教学，基本上是喂饲模式，定时（按照年龄、按照时间表）、定量（按照科目、按照大纲、按照考试标准）把规定的内容喂饲给学生。然后再看学生是否可以证明他们接受了如此的喂饲。

这样说，一定有许多朋友觉得是我太偏激。事实上，假如认识一下学习的真谛，就会发觉，以上的说法其实毫不夸张。正是这样的学校制度，让许多年轻人被筛选掉了，让许多人终身抱恨，但是罪不在这些年轻人。

会有朋友说："教育从来不就是这样的吗？""我们以前也不是一样？不是也出落得个个人才？"然而，时代变了！从前的教育，可以毫无愧意地把年轻人淘汰出去，他们还可以在操作性的劳力市场生存；现在的教育已经没有了这种"奢侈"。从前的教育，培养的目标是沉沉默默（不是说"埋头苦干"吗？）、循规蹈矩、按章办事；现在的人才，需要能言善道、创新出格、超越常规。从前的教育，输送的是知识、技术；现在社会需要的，是能够在人群中工作的"人"……

差异，是太大了。正因如此，需要改革！改革也许不能一蹴而就，但是总得尽快起步！

（这篇文章写于2005年。之后，尤其是2009年上海在PISA中独占鳌头，美国急起直追，却进一步加重标准化测验，同时把力量进一步放在管控教师上。我认为就是没有看到教育改革的真正意义。）

原载《信报·教育评论》（2005-02-26）

教育与社会：新与旧

前面谈论社会的那些变化，是根本性的、大幅度的、全面的变化，而且是不可逆的。这些变化，大部分是人们在生活中早就感觉到的，并非新发现。只不过，一则这许多现象，人们不一定会拼起来形成一个全面的图像，二则不会联系到教育。初看是零碎的，慢慢看到拼图的全局，才知道是如此翻天覆地的变化；再联系教育，就大吃一惊。这也是近年来我的学习过程。

但是，近日又发觉，要把社会的变化联系到教育，并不是自然而然的事。一些在社会上很成熟的人士，对于社会的变化，看得很深透，都是 21 世纪的前瞻性观点。但是，一谈到教育，又回到传统的观念，仿佛又回到 19 世纪的科举时期。尤其是碰到自己的儿女、孙子孙女，就更加难以跳出传统的教育框架。本文就是尝试把社会与教育联系起来，做一个新旧对比，旨在说明：社会变了，教育也必须变！

传统教育，犹如工厂

工业社会的教育，基本上就是为了满足劳动力市场的需求，把"人"塑造成人力资源。工业社会的金字塔结构，按传统的概念，从下到上，一般是操作工、技工、技术员、工程师。每一层都有不同的学历要求。最底层的操作工，其实什么学历都不重要，后来变成了只完成九年义务教育学生的出路。技工，需要有职业训练。技术员，需要有中等或者是高等的专业培训。工程师，需要有大学学位。

于是，教育也成了金字塔；而教育的金字塔，又恰好与人力资源的金字塔贴切吻合，把人塑造成人力资源。我一个不客气的说法："Torturing our students until they confess to the labour market!"（拷打学生，直至他们向劳动力市场屈服！）

这种形态，在社会结构比较稳定的情况下，也许正好符合社会的需求。因为相当于大多数的人，都可以做到我常说的："一纸文凭、一技傍身、一劳永逸、一帆风顺、从一而终。"教育不只是为社会提供"人才"，也为不同的人进入不同的行业和等级提供了认受性（legitimacy），为个人与职位的配对提供信息。教育取得了社会的认受性，使个人能够安心居于学历给予的社会地位。教育，可以说是维持社会稳定的重要因素。

现在，在后工业社会，机构的结构松散了。社会不见得平等了，但是社会却没有了严谨而固定的结构，也就是说，人们的机会平等了。实际上，社会的阶层差异还会长期存在，但是阶层的界线变得浮动了，个人的上下流动一定愈来愈加剧。

整个社会松了，碎片化了，个人更自由了，但是个人也更孤单了（they are all on their own）。因此，他们每一个人都需要更坚强，需要有社会流动的能力。用学历来规限他们的前路，就是剥夺了他们流动的机会。

这里的潜台词就是，高等教育必须大大扩展。以学校有限的制度来决定学生是否应该接受高等教育，已经很不合时宜。在香港，即使是在制度内符合入学要求的学生，也会被高等教育拒之门外，更是不可接受。

严密结构，扼杀人才

传统的工业社会，是一个结构性相当强的社会。由于大规模生产的需要，机构需要严谨、缜密的组织结构，明细分工、精确分层。在里面工作的人，必须严格地遵守工作程序的设计，每个人必须严格遵守规章制度，做好自己的本职工作，整个生产过程（工作过程）才能顺利完成。而且，每一道工序，都有严格的质量控制把关，不合格的半成品就成了废品。

工业社会的教育，也就是我们熟悉的现代学校制度，也是一个结构性非常严谨的建制。整个学校制度，就像是一个传统的工厂；学生在学校制度里面，就像是生产线上的原料，经过不同阶段的加工，就成为最后的成品——毕业生。

每一个阶段，都有很严格的质量控制。每一年、每一个学期，都会有考试"把关"。概念是：如果没有这些测验，怎么知道学生学到了什么？这也是香港有些学校，尤其是小学，规定"每周一小测，每月一大测"（也有更频繁的）背后的理念。

毕业的时候，学生会得到毕业证书，也就是学历（credentials），那是出厂证明。用家——雇主——就根据这些学历，相信学校加工过程的可靠性，接纳毕业生进入工作岗位。

工业社会传统的教育结构、学校结构，也完全符合这种目的。教育的阶段（幼、小、中、大）是固定按年龄分级。在极少数的情形下（而且往往是改革的结果，不是典型的形态），才有混龄的可能。也就是说，不管学生个人的成长快慢差异，每个学生都要"按时达标"。学校也是集体运作，每一个班的学生，都要接受同样的内容、同样的教师、同样的作业、同样的考试，然后学校按照同样的标准决定学生的成败。

但是，现在社会需要的，是个人的潜力得到发挥，是个人得以按照自己的选择来学习。最近一期美国《地理》杂志，大篇幅谈到医学的未来在于个别化的医疗。教育也一样，到处都在探讨学习的个别化、个人化、对口设计、量身定制，就是因为个人的前途，已经不再依附于固定的机构或者行业。教育制度的严谨结构，将会受到很大的冲击。

分层筛选，违反现实

以往，在教育过程中，不合格的学生就会被迫留级，也就是重复加工；又或者被开除，辍学，成为教育制度的"废品"。自从实施义务教育（香港称为强迫教育）以来，政策上为了减少资源的重复投入，留级逐渐成为历史。以传统的观点看，就很不理想。或者会说，学校制度因此失效，因为不合格的也升级了。也就是说，这个工厂，废品也出厂了。

在这样的严格结构之下，学校制度只能产生同一类的毕业生。也就是在课程内容、课程目标与考试准则的划一规定之下，只会产生在某些狭窄的科目里面，按照特定标准获得高分的学生。

然而，学生与生产原料不同的地方是：他们是人，而不是统一规格的原料。他们各有自己的特点，有主观意志。有些也许适合学校制度的要求，但也许有更多他们的长处，在教育的划一制度中，得不到发掘、发挥、认可。在传统的学校制度里，他们无法通过"质量检查"，也就成了"废品"。或者说，在传统的工业社会，他们就进入了下一个层次的劳力市场。但是，他们很可能有很大的潜力，无法在特定的筛选中存活。

在后工业社会，要为学生准备他们的未来，就要让每一名学生找到自己的价值，开辟自己的天地，开阔自己的前路。没有一个学生是"废品"。学生不被教育制度接受，不是学生的问题，而是教育制度的问题。

总的来说，教育所需要的，不是零敲碎打的修补式"改善"，而是根本性的变化。这个变化，殊不容易，但是已经刻不容缓，总要找到入手点。这应该是教育界共同关心的关键。

原载《信报·教育评论》（2019-01-11）

习惯与误会

前文不断探讨社会的变化，旨在说明，社会已经不是我们熟悉的社会，大环境的发展已经超出我们的想象，因此需要认真思考教育的下一步。前文都是在说明教育变革的"为何"，本来应该开始转入探讨教育变革的"如何"，不过我觉得，即使是对于社会的变化，也还有许多与现实不太符合的"误会"，值得在这里厘清一下，也让读者可以跳出我的"一家之见"。

误会之一：关于学以致用

前文多次提到过，现在的大学毕业生，"对口就业"已经不是主流。也就是说，毕业生进入的行业，并非他们在大学时念的学科。

以往，许多院校都有指标，看每一个学系的毕业生"对口"就业的比例，而且假设这是该学科教育是否成功的标志。要是有许多毕业生没有"对口"就业，就是这个学系"教育不力"，因为他们的毕业生"找不到工作"，或者说"就业能力低"。也有一种说法，这是"浪费资源"。不是吗？花了这么多资源，经过多年的努力，才培养出一名土木工程师，他却没有入行，干别的行业去了。

说来说去，所谓"对口就业"，不外是指毕业生的第一次就业。之后在他们起码 40 年的工作生涯中，很有可能还会转行，又或者整个专业转型甚至消亡，又或者从事现在无法想象的新行业。一切都在无法预测的变幻之中，斤斤计较第一份职业是否"对口"，其实意义不大。

误会之二：关于供过于求

以上这种"不对口就业"的情形，近年也有一种说法——因为"供过于求"。比如说，读法律的不从事法律工作，是因为香港的法律人才过剩。读工程的不从事工程工作，是因为香港的此类工业太少了。

初听起来，好像都很有道理。这里面有两个问题。一个是假设"对口就业"是一个永恒的真理，因此如此多的毕业生"不对口"，是出了问题。假如要改变的话，就要尽量向"对口"的方向力挽狂澜。另一个是纯粹从宏观的现象看问题："不对口"，就直观地假定是"供求"之间不平衡——不是供不应求，就是供过于求，而没有认真了解毕业生自己的想法与心态。

我曾经在大学做宿舍舍监 18 年，以香港大学来说，甚少出现毕业生找不到工作的。每年的大学毕业生调查，也证实了这一点。

是否"对口就业",可以说完全是毕业生自己的志愿与意向。而且随着社会的发展,他们自己对于就业的观点,也在逐步变化。我30多年前开始做舍监,就开始出现这种情况。比如说,当年不少精英学生,当了警察或者是参加其他纪律部队,不少就是想服务社会,而不是为了高薪;他们在大学学的是什么,在他们的考虑中不是一个最大的因素。他们甚至会告诉你:"其实,学了什么,都不会没有用。"

也听过法律毕业生在资深律师与政府行政主任(administrative officer)之间选择的挣扎,考虑的就是如何才有更广阔的发展天地。也有不少放弃了颇有晋升前途的稳定职业,而转入前途未卜的、颇有风险的,然而在他们看来更有发展空间的工作。这是我们较年长的不可理解的,但却是许多年轻人很向往的。

事实上,讲求稳定的职位,已经不是年轻人考虑工作的主要准则。当然,长期稳定的职位,已经愈来愈难求。

误会之三:关于"逐底社会"

近日看到有作者引用日本作者的呻吟,说日本的下一代,许多不求上进,除了有不少不想就业,还有更多的走向社会底层,所以说是"逐底"一族,认为这是往低处走的"下流"现象。也把我们周围的年轻人从事个体职业(free-lance)、多重职业(斜杠一族,slasher)、间歇就业,称作是"下流"现象。

我对此很有保留。没有看过日本作者的全书,因此不敢作更深刻的评论。就从所引的文义来看,作者似乎把"力争上游"的概念,假设为困守在传统工业社会的金字塔型的大型机构，谋求从大机构的底层，力争上升到更高的职位（但愿这是笔者的误解）。

假如按照前文的分析，这样的大机构已经逐渐消亡；又或者变得易变而难以依靠；又或者机构本身的人事政策，趋向短期聘用。"从一而终"而平步青云的路子，已经不常出现。这不限于中国香港这个以第三产业为主体、小型微型机构为大多数的经济体，即使是日本，也经常可以看到、听到，传统的职业途径，已经愈来愈难走。我认识的一些日本年轻朋友，几乎都是在走上述的所谓"下流"的道路。

问题是，大机构的晋升，与离开机构自创前途，哪一种的天地更大？当大机构的前景变得飘忽，又或者机构还会长期存在，但是里面的人事结构与人事方针，已经愈来愈浮动，大机构仍然可以成为年轻人追求的梦想吗？

假如我们习惯了传统的机构景象，看今天年轻人的职业走向，就很容易把他们非常符合未来实际的豁达，当成是不求上进的"下流"。这是用我们习惯了的传统框架，去衡量年轻人的思想，而他们的思想，却恰恰反映了他们对于未来的敏锐。

以上这些，能够说与教育无关？

原载《信报·教育评论》（2019-01-18）

不一样的教育

这个题目，在中国内地，已经用得相当滥了，可以说没有了新意。这里仍然用这样一个题目，是因为人们容易把两个概念混淆：一个是根据目前的弊病，设想一个没有这些弊病的教育世界；另一个是跳出教育本身，看看社会的变化，看看教育如何面对新的社会。

2016 年 2 月末，在悉尼举行的世界银行工作坊，我作了一个开题主旨报告，两天的讨论都有人不时论及；后来有几个地方闻风邀约。我所说的，一部分前文已有论及，为求讨论的完整，这里不忌重复，也包括在内。

学校制度的根源，社会变化的挑战

第一，学习是人类的天性，教育却不是。教育是人类为人类设计的学习方案。这种设计，一定带有当时经济、社会、文化、政治乃至宗教因素的影响，而这些因素，会随着社会的变更而演化。也就是说，教育是会过时的。

第二，现代学校的设计，不同于古代的科举、佛学院、英国"公学"。不同的地方主要有两点。其一，经济话语：为了社会的人力需求，也为了个人的就业需要。其二，工厂模式（或曰种植模式）：要学生集体地按照设计的内容和方向，塑造预期的"人才"。总的来说，古代的教育，关注的是人；现代的教育，关注的是人力资源。教育形态是工业社会大规模生产形态的影子。

第三，社会变了，还在变，而且变得愈来愈快。大规模生产，正在转化为"少量多款"。严格分工金字塔式的机构，正在转化为与服务对象"对口"的"一站式"单位。个人从一而终的职业生涯，已经转化为多元、多变、莫测的行业身份与组织关系。对个人的要求，也从一劳永逸的学历，转化为不断地自学、应变、创新等能力，以及和善、诚信、敏锐等品格。而且，工作以外，家庭、小区、文化、宗教、政治等方面，期望也愈来愈高。

第四，在工业社会高峰出现的现代学校体系，因此遇到了严重的挑战。假如去除了人力资源的因素，返璞归真认真考虑学生的学习，许多现存的教育观念就很难站得住脚。

例如，不同的学生，要按照整齐划一的过程、内容、评估而生活。然而，学习科学根本的一条：不同的学生，学习会很不一样。又如，不少学习的内容，除了应付考试升学以外，不一定有多少实用的价值。然而，学习科学告诉我们，应用的过程，才是学习的经历。再如，教育的评估，大多是以纸笔考查学生懂了多少，甚或记了多少，甚少要求学生设计或创作。然而，学习科学告诉我们，学习的成果，在于理解；而理解的成果，在于运用。更如，学校的生活，大部分被知识的传授充塞；学生的时间，也大部分被"学业"霸占。然而，学习科学告诉我们，青年人需要丰富的学习经历作为营养，才会有健康全面的发展。

如此，我们则必须重新思考教育的真正意义，让教育恢复本来的天职！

前所未有的现象，难以维持的常规

过往的一些基本假设，都未必成立。

例如，根据美国一项统计，近年人口的增长，超越了职位的增长。长此下去，可以假定并不是人人都可以就业。又如，天灾、意外、流行疾病、能源缺匮等，都因为人类的过度活动而日趋严重，不能假设人类可以维持目前的生活习惯。再如，战争、动乱、恐怖行动、难民人潮等，片刻家破人亡；不再可以假设和平安定的社会生态。更如，贪污、暴政、财政危机、政党争斗等，都在加深着社会的不均，腐蚀着人类社会，不知何日社会架构会一朝崩溃。

这些现象，二三十年内不会消失。我们的下一代，能否适应而生存？能否脱颖而成功？这些败象，我们的下一代，又有没有魄力去改变？

教育能否为这些问题提供答案？

教育的发展，自第二次世界大战以来，从来就是各国关注的大课题。不过，上世纪六七十年代，人们的注意点是"体系"，重点是如何让尽量多的孩子入学。于是讲究入学率、教育规划、学校布点、教育财政、教育体系的内部效益与外部效益等。80 年代，人们开始发觉，孩子入了学，有用吗？于是把政策的重心降到学校，当时时兴的是研究"学校效能"，后来又异化为"学校管理"。

90 年代以来，教育政策的重心又再往下移。在美国、英国，重心移到了教师：认为要学生学得好，先要把教师管得好。所有这些政策，其实都是隔靴搔痒！在东亚这一带，则倾向于把政策重心直接移到学生：把学生学习的目的、内容和过程弄清楚了，教师、学校、体系要做什么，就容易设计了。我认为是走前了一步。

因此，我认为，必须把学生学习作为教育的核心考虑，一种提法是把学生学习放上"中心舞台"（centre stage），否则教育将无法走出困境。而学生学习，最关键的，是要把学生学习的天性释放出来、焕发出来，让他们成为主动的学习者。这是改革，而不是改善；不是让学生学得快一点儿、成绩高一点儿，甚或是简单一点儿、愉快一点儿。一次在加拿大与多伦多的教师座谈，我作了一个比喻：动物园在深山野林之中，面临大火，首要的是打开牢笼，把动物都释放出来。

不可避免的改革，艰难长久的过程

但是，这必然是一个艰难而长久的过程。以上所引发的改革思考，是与我们熟悉的、根深蒂固的教育理念相悖的。教师、家长、社会，都已经沉浸在我们熟知的教育文化之中，久入鲍鱼之肆，许多事情都以为是理所当然的。问题的关键不是学生的学业成绩是否提高，不是随便一两种教学法，不是一两所学校的成就，不是一两项教育政策的成功，而是整个教育理念的变化。

倒过来说，这种艰难而长久的改革，又的确是由学校底层发生的变化开始的。学校的变化，不一定有宏观的理论，但是，他们最直接经受挑战，因此他们设计的变革，尤其是不按传统常规的变革，最能说明改革的方向，而且经得起实践的考验。珍惜学校里一点一滴的创新，它们是新时代教育改革的起点。

从决策者来说，需要有几方面的范式转移。从经济话语（GDP，就业）转为学习话语（学习为重、学生为主）；从缺失模式（弥补缺陷）转为进取模式（进入新境界）；从工厂概念（驱动师生）转为专业概念（释放学生）；从种植形态（种瓜得瓜）转为放牧形态（提供水草）；从各自为政（部门分割）转为共同协作（全民动手）。

结尾，还是那句话，社会变了，人们的思维方法都变了。工业社会，重视的是解析、规条、结构、清晰、齐整、汇聚、正规、确切，尽量想把复杂的现实归纳为几个简单的参数。"后工业社会"，则讲究总体、灵活、松动、模糊、多元、发散、随意、估测，准备容忍盘根错节的复杂理念。许多社会部门都已经变了，教育也要变！

原载《信报·教育评论》（2016-04-01）

过时的教育观？

此文标题的问号，并非误植，而是我真正的疑问。最近参加一个庞大的国际机构的视频研讨会，主旨报告结束以后，响应来自 12 个亚洲地区的问题与评论。

研讨会的主题，是终身教育与科技发展。这次研讨会原来的主题，想寻找面对未来的"新技能"。隐含的思路，是一个逻辑的四个环节：社会变了—社会的未来主要看科技—教育的职能是助学生应对未来的工作—教育要瞄准科技引来的未来技能。

来自不同地区的问题，也大都围绕着这些思路。"面对第四次工业革命，如何增强学生的就业能力？""能否列出新时代需要的新技能？""如何保证这些新技能的素质？""如何量度这些新技能的学习成果？""如何监控私营的培训机构？"……

社会巨变，不可逆！科技前景，不可测！

上面四个环节，其实每一个都是可以推敲的。

第一，社会变了。这已是老生常谈。但是，需要问的是：到底什么变了？我在近年不断解释的，是社会由于经济生产形态的根本变化，导致机构形态的变化，整个社会正在迅速碎片化，年轻一代的职业形态也大不一样。因此，他们的社会观、事业观、成功感、幸福感，都很不一样。这些变化，是全面的、根本的，不可逆的。对于这种现象，整个社会还在逐渐认识、逐渐调整。但是，在教育界，还远远谈不上已经认识。即使认识了，如何调整？

第二，社会的未来主要看科技。科技当然重要，但是社会的变化，科技只是起到配合与促进的作用。是上述的社会变化，形成了土壤，创新的科技才会有迅猛的发展。假如说科技会影响个人，那就是种种社会"中心"的消亡，"共享"形态渐趋主流，人们的互动主要不在面对面的机构组织里面，人们将会愈来愈多生活在靠科技互联的虚拟"社会"里面。这里面牵涉的"技能"，往往迅即变为"不在话下"而人人可掌握的生活常态。就像十多年前听到新加坡一位教育科技的负责人说的："Technology is most advanced when it is taken for granted."（科技最发达的时候，也就是人们习以为常的时候。）什么时候听说过：需要培训才能使用社交平台？需要培训才会使用互联网？

就是说，科技还会不断发展，而且一定是愈来愈迅猛。任何有关科技的教育、培训，是必要的，但是不可能追上科技本身的发展。今天的学生，即使在中小学掌握了最新的科学技术（当然这是不可

教育之变

能的），到他们开始工作的时候，科技肯定又是另一个天地。而这些科技的掌握，往往是在使用中发生的。

第三，教育的职能是助学生应对未来的工作。这个命题，本身有三点是可以存疑的。首先，教育是否就是一个工具？学校是一部机器？传统的假设：教育就是为了培养"人才"，就是整个经济运作的配件。现在也许应该说，教育是一块园地，是让学生选择、摸索的学习园地。因为学习是因人而异的，而碎片化的社会也将会有无穷的发展机会。再没有理由需要有整齐划一的机制和外加的目标。

其次，学生的未来，就是工作吗？为他们准备未来，就是准备他们的经济生活（工作）吗？他们还有家庭生活、社交生活、文化生活、政治生活、余暇生活、宗教生活……这些领域，要能健康开展，里面很多元素与技能没有关系。教育就不需要承担？

再次，我们无法预测学生将来需要的是什么技能、什么科技。目前看得到的科技与技能，很快就会过时而陈旧。但是，他们待人接物的修养、对己对事的基本态度、行为背后的价值观，却是历久不变的重要元素。在新的社会形态下，当虚拟社会逐渐成为主流，年轻人的这些修养、态度、价值观，将会是如何养成的？教育又承担什么责任？

第四，教育要瞄准科技引来的未来技能。"瞄准"，是目前教育体系的特点，也是最致命的要害。以往，可以瞄准一个行业的需求，培养这个行业需要的人才。大概是 15 年前，来自英国的一位校外考试员（external examiner），对我说："Fortunately or unfortunately, in XXX（一个工程学科），there is practically no change in the curriculum and in the teaching."（不管你高兴不高兴，在我们这个学科，课程与教学都实际上没有变化。）当时我无法相信自己的耳朵，后来问诸这个行业的老手，也嗤之以鼻。但那是一代人的教育观：教育的目标是明确而可期的，达到标准的，毕业；达不到的，淘汰。然而，世界不再是如此，再没有绝对而精致的标准，即使是工作上的需求，也是日新月异。教育需要做的，不是"瞄准"，而是开放，而是让学生学会奔自己的前途。他们当然要掌握技术与科技，但是这些都是瞬息万变的，要学会的是应对莫测的未来。

这样来看，上面研讨会中各个国家和地区提出的问题，就不禁让人觉得，很多地方主持教育的人，仍然生活在传统的教育观里。他们的思路，仍然是希望在旧的教育框架里面，迅速找到新的目标、新的技能，从而塑造新的课程、培训项目。整体来说，就是"旧瓶换新酒"。

学生变化，莫低估！

在这里提出几个问题与读者分享，虽然谈不上有答案。

第一，我们关心学生的未来，是关心他们的什么？关心他们的工作、就业、收入、地位？假如这些都是变幻莫测的，真正需要我们关心的，到底是什么？又或者退一步想一想，要想真正关心他们未来的工作，应该关心什么？

第二，有人说，这是后物质时代（post-materialistic generation）。假如这一代的学生，对于工作、就业、收入、地位，并不那么热衷（环境也不允许他们有太明确的期望），或者不是他们生活的最终目标，又或者他们就是不想有固定的目标，我们应该怎么办？

之前在美国开一个咨询会，都在讨论工作形态如何变化，因此要研究如何增强年轻人的就业能力。欧洲的代表提出异议："在欧洲，年轻人上街，不是为了经济目标，而是例如'气候'（北欧）、'公平'（法国）。他们的意识，已经超越了物质要求。我们提'就业能力'，对于他们，没有多大意义。"同理，在香港，宣传繁荣、安定，"上楼"（有自己的住房）；作商业萧条、股价下滑的警告，对年轻人甚至中年的专业人士来说，也不是他们最关心的。

第三，关心教育的人，能否跳出目前的现实社会的种种状况，从教育前景的角度想一想？从另外一个角度看，学生中的许多人，不再沉迷于中国传统的功名。有时候他们做出来的事情，我们也许看不惯，但他们却真正是超越学校里的功课、成绩、考试、升学的束缚，进入了另一个境界。撇开他们目前一时的思想与行为，摆脱这些桎梏，这不是我们教育的期盼吗？

第四，既然如此，我们从事教育的，就遇上了双重的压力。一方面，现在的教育体系，是一个坚固的全球性建制（institution），不是一朝一夕可以改变的，即使崩溃也是一个缓慢的过程。我们还得如常进行传统的学校生活，而且希望有一个平静的环境。另一方面，学生的思想，已经走入了另一个层面，正在冲击着传统的教育观念。在爱护学生的前提下，我们在这个层面可以说是毫无准备。但是，阿拉丁神灯的巨人，收不回去了！我们从事教育工作的，是否可以让自己停下来，给自己一点空间？想一想，不必太早有一个固定的结论。

原载《信报·教育评论》（2019-09-13）

教育改革，改什么？

不到 200 年前开始出现的现代教育制度，纯粹为培养社会劳动力、纯粹为提高社会生产力的教育形态，现在开始遇到前所未有的挑战。而这种挑战，不是在现有的教育体系里面修修补补，就能够应付的。

近年有机会看到并体验到不同国家的教育发展，不进行教育改革的，绝无仅有。可以说，全球几乎所有国家，都在谋求教育的变化，都在安抚社会群众对教育日益增长的不满情绪。但是，也可以大胆地说，真正找到大家认为满意的教育发展方向的，也是绝无仅有。下面尝试以几个层次来概括观察到的景象。

观察到的四个层次

第一个层次：管治体制。作为政府，往往会觉得这是最容易入手的。撤换教育部长、重组教育行政机构、改变学校管理模式、加强培训校长，等等。总之，是在教育体系的上层下功夫，而对于教育体系基层发生的事，不管或者是暂时不管。这种顾上不顾下的"改革"，其结果是教育的实质内涵纹丝不动。最典型的是英国，或者应该说是英格兰。自从1984年撒切尔夫人上台，就以"管理主义"改革教育。30多年来翻来覆去，大概没有脱离这种思维。最近十几年，在大部分地区取缔了曾经以专业领导闻名的地方教育当局（LEA），引入"Academy"，作为管理学校的机制。有点儿类似香港的办学团体，每个"Academy"管理一批学校（也可以是分散在各区的）。但这些"Academy"却是专门为了办学而由政府组织的，或者是由政府诱导而产生的。"Academy"的成员很混杂，大多没有什么办学的理念。简单来说，是相当彻底的"外行领导内行"。对于学校里面发生的，如课程、教学，甚少触及。英国的学校教育，曾经是世界各国都向往的专业楷模，现在呢？一位在英国颇有名望的教育领袖说："It's disastrous!"（糟透了！）

第二个层次：未来技能。最典型的，当然是美国的"21世纪技能"。美国的"21世纪技能"，分为四大块：（1）关键能力：读、写、算。也就是美国的文化传统中，一般教师、家长心目中的教育，即3R（reading、writing、arithmetic，阅读、写作、算术）。（2）学习与创新能力：明辨、沟通、合作、创新。（3）信息、媒体、科技能力。（4）生活与职业能力。这种思路的特点，是从工作需要出发来看教育，也就是仍然是瞄准经济生活上的需要，而不是把"人"作为考虑教育的出发点。只不过以往学的东西陈旧了，需要增加新的"技能"。这是纯粹从技术的角度来看教育，而没有触及已经发生根本变化的教育的基本职能。

第三个层次：监管教师。这是目前许多国家的教育改革思路。他们认为教育的关键是教师，因此首先要改造教师。英国与美国，都有这种倾向，也多少受了美国政策舆论的影响。教师改革的要点，大概包括：增强入行教师的质量、增加教师职业的吸引力、改革教师职级与薪酬、加强教师管理机制、把教师绩效与学生成绩挂钩、增加教师工作问责机制、制定硬性的教师素质标准……这种思路，与上述的"管理主义"有关。但是，第一，没有提出新的愿景，没有前进的标杆，没有新的理念，也没有新的要求，而纯粹"严管"。这种思路并没有给教师新的方向，即使管理严格了，教师与教育也不会有新气象。也就是教育其实没有改革。第二，这种思路，在现实中，把教师当成了被动的改革对象，而不是作为改革的动力。我对美国的批评，是把千千万万的"将军"，当成了"步兵"。不知不觉中，把社会对教育的不满，怪罪于教师。第三，很实际的结果，在美国就很明显，教师逐渐把注意力放在自己职位的得失上，而不是学生的学习上。因此，年前曾经出现学区主管带头的达标数据造假。第四，最根本的，是把教育看成是工业生产的过程，把教师看成是工人——管好了工人，产品就会好，而没有把教师看成是专业活力与创新的来源。

第四个层次："以人为本"。这可以说是东亚几个"筷子文化"社会的教育改革形态。与美国的"技能"思路不同，新加坡、中国、韩国、日本这些社会（最近越南也正在加入这个行列），教育改革都是从"人"出发，改变整个教育的目标思维，也就是"以人为本"。我曾经介绍过以上国家的教育改革，这里只是概括一下。首先是新加坡，摒弃了"skills"而改用"competencies"。但绝不是用词的差别。虽然新加坡提出的"能力"，与美国的"21世纪技能"大致类似，但是这些能力是服务于造就四种特征的人：自信的个人、自觉的学习者、主动的贡献者、有心的公民（按英文版意译）。韩国的教育改革，目标是造就"独立的人、聪明的人、优雅的人、民主公民"。中国台湾则以"终身学习者"作为综合性最终目标，而且认为"skills"与"competencies"都是属于看得见的"表现"，而教育的目的，在于人的"内涵"，因此提出"自主行动、社会参与、沟通互动"作为人的基本"素养"。中国大陆也提出"以人为本"，以"全面发展的人"作为教育的基本目的，以"核心素养"作为目标。日本进行了接近20年的教育改革，则以"热爱生命"作为总体目标。中国香港在上一轮改革中提出的"乐、善、勇、敢"（乐于学习、善于沟通、勇于承担、敢于创新），也是以个人的素质作为主轴。

强势考试，阻碍改革

这几个社会的教育改革，有几个共同的特点：第一，"以人为本"，而不是实用主义的"技术挂帅"。第二，都强调对社会的贡献——"主动的贡献者"（新加坡）、"为世界做出贡献的实际能力"（日本）、"社会参与"（中国台湾、中国大陆）、"民主公民"（韩国）、"勇于承担"（中国香港）。第三，都有价值观的元素，应该说是继承了儒家社会"德、智、体、群、美"的全面教育的框架，也都在改革文件中提到。

我始终认为，上述的第四层次，是比较能够面对变化了的社会，也是目前比较走在前面的教育理念；但实际上是返璞归真，回到教育的核心意义。在这个理念的指引下，这几个社会，就不免都是从改革课程出发，也就是从"学生学习为了什么"出发，专注"学生应该学些什么"。"学习"成为这些社会考虑教育发展的共同语言。而共通之处在于，不在课程里面为学生的"科目"加码，而是尽量压缩传统的学习范围，讲究为学生释放出更多的选择余地与自主空间。

但是，上述的第四个层次，那几个社会清晰改革的同时，都受到很大的阻力。共同的障碍，是非常强势的社会性公开考试（即统考）。这些社会，无一例外，都在OECD的"国际学生成就比较"（PISA）表现优越。但是，他们的学生也都有同样的负面特点：不愉快；对学科没有兴趣；学习动力不够；考试忧虑很高。

这些特点，都与所谓"儒家社会"的社会结构观息息相关，也可以说都受到1600多年前留传下来的科举的深刻影响。这些文化因素，不可能在教育内部解决，但是又妨碍着教育的发展。这几个社会，都在挣扎。看哪一个社会能率先突破！

原载《信报·教育评论》（2019-02-15）

教育到底面临
什么挑战?

为文时,我正在莫斯科参加一个会。这是 GELP(Global Education Leadership Project,全球教育领导项目)的会议。GELP 是一个比较松散的国际教育组织。发起者托尼·迈卡(Tony Mackay)原来是澳洲墨尔本大学的教授,到处被邀演讲,逐渐被发现颇有做大会调度的才华,因此又成为许多国际会议的讲座调度员(moderator)。他索性离开大学,自立门户,专门从事教育政策咨询,后来更是成立了 GELP,轮流到各个国家开会。基本格局是参与者外地的与本地的对半,希望通过交流对话,国内外互相促进。这次是在俄罗斯。

我虽然在大会作开题主旨报告,但参与大会与小组讨论以来,启发很多,不无震撼,迫不及待与读者分享。

"社会变了!教育也要变!"这是香港自上一轮教育改革以来,

教育发展的基调。这种基调，是当时经过近乎一年关于"教育目的"的咨询，收到超过四万份意见书以后形成的主要结论。这次在莫斯科，却还是不断在思想上受到冲击。以上基调，也得到很大的充实。

愈趋个人化的社会

第一，社会的变化对教育的冲击，已经具体化到年轻人的变化。几个讲者，都不约而同地提到年轻人的工作出路。我曾经提过，2006年，英国的推算，一个公民平均会经历13份工作；美国则是10.4份工作。这次澳洲2016年的一份研究显示则是15份工作。

对教育的挑战，是瞄准特定的行业的职业培训，已经不可能成为教育的基本目标。而这个目标，至今还被许多人不假思索地当成是教育的基本。在俄罗斯，虽然大家都在说要为下一代准备多变的未来，但是同时又有很强的思想假设，认为应该让学生"尽早为自己的'未来专业'作准备"。不论是在会议上，还是会前参观的"未来学校"，都在强调让学生"尽早按照自己的特点决定未来的方向"。这种想法，在会上引起很多议论。

第二，上述澳洲这份研究，做了20万名青年的面对面访谈，收集150名青年的个案"故事"。其中69%的青年期望能够自己创业。这正契合我近年的观察。总的来说，这是一个愈来愈个人化的社会。

这次会议，有不少俄罗斯的大企业参加，对于机构组织的变化，他们已经意识到。机构变得愈来愈小，在会上已经是不言而喻的假定。机构变得脆弱、不稳定、难预测，也是在商界大家熟知的常态。在这种情况下，机构对于雇员，不可能有长期的承诺与保障。

因此，雇员也不可能对机构有任何承诺与长期的效忠。大家都觉得，这是年轻人趋向个人化的一个根本原因。

不是年轻人的道德操守堕落了，而是他们的境遇，让他们拥有这样的职业观、成功感和幸福感。希望进入一家大公司，一步步从底层慢慢上升，期待总有一天出人头地，已经不再实际；这种想法，也许已经一去不复返。

难以立足的独木桥

因此，大家眼前逐渐形成一幅图画：有两片大洲。一片是年轻人将会进入的工作和生活的世界，这是一片多元而灿烂的天地。另一片是年轻人本身，也是多元而灿烂的一大片。不过这两片大洲之间，连接的却是一条狭窄的独木桥，那就是教育。

不是吗？学生学习的天地，本来是无穷无尽的。学生将来进入的社会，也有无穷无尽的可能。偏偏在教育体系里面，尤其是在学校里面，要求的只是有限的几个科目；而且要求的，只是局限于考试大纲的规定。不是独木桥是什么？

这在以前，无所谓。因为教育体系希望达到的，基本上是让学生取得学历。学生就拿着学历进入工作。拿到了一纸文凭，就能一劳永逸，可以一帆风顺，在一份职业里面从一而终。教育这条独木桥，也就完成它的社会功能了。

现在的年轻人，要面对层出不穷的变化、意想不到的挑战、没有尽头的学习，他们需要的，是比我们这一代更加充分的准备、更加根本的能力、更加坚强的质量，才能真正面对未来。

于是，会上不少人都在尝试回答这样的问题："教育的根本是什么？""为下一代作准备，最根本的是什么？"会上没有完美的答案。这也难怪，如此大的问题，怎么可能一下子就有答案？有些人振振有词，好像已经有了完备的答案，也只是自我感觉而已。但是大家能够认识到问题，已经很重要。也就是说，不能再照传统的思维去发展教育。当然，恐怕还有一段很长的探索过程；而这种探索，不是在学者或者是决策者的大脑中进行，而只能够在具体前线的实践中寻找方向。

这次会议就有相当多的大大小小的前线实验。规模都不大，但是都很有一点成功的经验。大家的问题是：是否可以大面积推广？但也有另一种看法，也许未来的世界，就是没有太统一的方向。社会多元、学生多元，所以学校也多元、课程也多元。无论如何，都会对于我们一向习惯的学校观念，形成很大的冲击。

科技运用的教学观念

有一点不可不提。这次的 GELP 参与者，泰半来自学校体系以外。他们都来自社会各方面，关心教育。他们投资教育，又似乎找到了可行的财政模型，而不是纯粹的做慈善事业。从他们的发言、与他们的交谈来看，他们并没有停留于埋怨学校，或者根据个人体会的一鳞半爪，就对办教育乱发议论。这一点难能可贵，也给教育带来希望。教育，将不再纯粹是教师、学校、教育部的事。几乎每一个社会，这种情况都在发生。

大家都把注意力聚焦在科技的发展上。新科技进入教育，已经不是什么新事物，虽然几乎每个体系，都在为内部的不均衡发展挣扎，但是在芸芸的发展项目之中，科技的运用能够超越传统教学观念的，寥寥可数。

这就形成了一个强烈的矛盾。一方面，很多人把教育的未来，理解为教育的科技化，尤其是运用大数据，推进学生学习的个人化。这也许是科技对教育的贡献最可靠的一个方面。但是另一方面，许多科技的运用，背后还是非常传统的教学观念，学生也多了选择，但是要求他们的，仍然是划一的目标；学生也许甚至可以采取多元的学习途径，但是最后还是逃不过特定的测验。若不小心，用的也许是崭新的科技，结果却极可能加固了过时的教学观念。

事实上，由于科技的发展，学生的学习，很快就会远远超过教育体系的要求。教育体系将如何自处？

原载《信报·教育评论》（2017-11-03）

大树·社会流动·教育公平

　　家在校园，窗外有几棵大树。每天早上，看着树不断长高，直至愈来愈看不到树顶。联想起数年前游访 Galapagos（加拉帕戈斯群岛），那是达尔文进化论的发源地，我忽然茅塞顿开，解开了一直梗在心头、关于教育公平的一个疑团。

　　事缘过去几个星期，在上海分别参加了两个与教育公平息息相关的活动。一个是上海成功教育的创始者刘京海从教 41 周年，有一个庆祝活动。然后是去年成立的"中国教育三十人论坛"第二次活动，主题是"十三五规划：大力促进教育公平"。前前后后的讨论，离不开教育公平。

　　1985 年，我在香港《信报月刊》登过一篇文章——《教育可以公平吗？》。当时就觉得，"公平"这个概念，在教育领域，不太简单。今天，全球在讨论"后 2015"的《全球发展规划》，在教育领域，"公平"更是成为大家关注的头号主题。然而，喊教育公平的人很多，认真分析的却不多，于是停留于泛泛而谈。国际上的事情就是如此，提出来了，大家注意了，是一个大进步。但是要成为国内的政策，而且可以付诸实践，却不是顷刻可见。

在世界文献中，关注教育公平的，可以有三个词："disparity"（不匀）、"inequality"（不均）、"inequity"（不公）。正面的词，则通常只有两个："equality"（均等）与"equity"（公平）。现在的教育政策用语，大都集中在"disparity"与"equity"。

教育可以导致社会公平吗？

第一个议题：社会可以公平吗？看来答案是否定的。历史上有过不少社会公平的梦想，都没有实现。教育公平的目标，不可能是向着社会公平。20世纪60年代，人力资本学说流行，把learning（学习）与earning（收入）联系起来；照道理，学得多、赚得多，人人都学得多，岂非人人赚得多？其实不可能，因为社会的不均，并不是因为教育的因素造成的，也不可能单靠教育来达致社会公平。

第二个议题：教育的公平有意义吗？虽然社会不均，但是人们相信，教育的公平，可以减少社会不均。这是历年来讨论教育公平的核心。于是衍生出几个子议题。

子议题之一：教育的投入可以均等吗？答案是肯定的。中国内地自2006年修改《义务教育法》，就有许多努力，计算基础教育每个学生的"生均成本"（单位成本），以便保障学生的应得。

投入并不限于金钱的资源。上海1994年开始的小学就近入学，也是均化资源的一种措施。上海和新加坡等地做出的扭转"差校"的措施，也是为了保障学生有均等的教育投入，经受同等的教育过程。

子议题之二：教育的起点可以均等吗？答案应该也是肯定的，但却不容易做到。最明显的是特殊教育，让有特殊需要的学生获得高于平均的资源，他们才能受到与其他学生同等的教育。这额外的资源，就是尽量让他们可以与其他学生站在同一起点。让贫困家庭的子女可以受到额外的补助（如内地农村的"两免一补"），也是属于起点均等。

教育可以妨碍机会均等吗？

子议题之三：教育可以促进机会均等吗？机会均等，也许是在社会不均的前提下，最大程度的社会公平。这也许是目前为止，世界上市场经济里面最大限度的社会公平（起码资本主义市场经济如此）。而教育，恰恰是促进机会均等的重要机制。

也就是说，社会的不均结构也许不会有突变，但是结构里面的个人却可以有充分的流动机会。教育虽然不会令社会变得平等，但是却可以实现人人有机会参与竞争，人人有机会进入社会流动。

第三个议题：教育可以加剧社会不公吗？我的答案也是肯定的。创立成功教育理念的刘京海，在他女儿五岁的时候，被她一句话激发了："我们班里面有五个笨蛋！""你怎么知道？""老师说的！"怎么在幼儿园，就教孩子有"聪明"与"愚笨"之分？他觉得，在学校不成功的孩子，大多数是因为老师说他们笨，注定他们会失败；他们也从此认定自己会失败。刘京海反其道而行之，在上海闸北区办了一所初中，专门只收本区成绩中下的学生，通过实际的经验，让这些学生成为成功的学生。结果，三年初中之后，学生都进了好的高中，而之后的大学入学率，超过上海平均入学率。我去访问这所学校，校园里看到的，又何止是学业成绩。后来他在上海"委托管理"了十几所原来被认为弱势的学校，一样成功。

很多香港的学校，至今仍然是从小就按成绩分班。我们的老师，不少仍然习惯于把学生按成绩排名（"考第几"）。我们的小学毕业生，是按照成绩分为三个"band"（等级）进入中学，因此社会上也习惯于把学校分"band"；我们的幼儿园、小学，招生的时候还是在各出奇招来考查小孩的智力。

这些做法，都在给学生牢牢地灌输等级观念；都在把个别学生牢牢地关在某个等级里面。如此长大的孩子，脑子里何来公平观念？我们满以为教育是医治社会不公的良药，然而，教育也许正是社会不公的源头之一。

适者生存等于优胜劣败吗？

回头说我的疑团。刘京海可以让他的学生在教育体系里面上升，但是假如这是社会进化的"适者生存，优胜劣败"，那就意味着其他学校的学生就要遭遇失败。仿佛仍然是"吃得苦中苦，方为人上人"的套局，对于整体社会的公平，有什么贡献？

其实学生的成功，关键不在成绩，不在升学率，而是找到了自己，找到自己的价值，建立了自信，走上自己的人生。成绩、升学，不过是结果的一小部分。

这就让我想起上世纪 70 年代，在香港的穷区筲箕湾办学校，都是"成绩不逮"的学生；老师们为自己立下一个目标："要让每一名学生都在台上被人鼓过掌！"现在回顾，就是让每一名学生知道自己的价值。

我现在悟出来的道理是：一棵树，每一片叶子都在争取阳光，的确是"适者生存"，但是却并不一定是"优胜劣败"，因为假如每一片叶子都善于争取机会，树的营养就愈来愈丰富，整棵树就会愈长愈高；结果是让更多的叶子能够找到机会，良性循环，树也就愈来愈茁壮茂盛；虽则叶子仍然有高低，取得阳光的机会也不见得完全一致。

社会也是这样，当人人都有机会进入社会流动，这个社会就会有更大的能量去整体发展，也会倒过来让每一个个体有更大的流动和发展机会。教育的社会使命，就是让每一个人都有希望、有能力、有可能创造机会发展自己。

教师也好，家长也罢，我们往往在不知不觉中，在意念上堵塞了学生的上进心，或者把"人上人"的观念误作为上进心。对于学生，为祸无穷，社会也不会有真正的进步。

原载《信报·教育评论》（2015-04-10）

　　　　　　　　　　　　　　　　　　　　教育之变

大学招生与社会流动

教育，作为一个社会体系，从来就与社会流动分不开。想与读者分享一些思考。

难免要从科举说起。科举作为一种选拔制度，开始于公元605年，当时是隋朝。科举的作用，100%是为了选拔官员，再无其他目的。这是无可争议的事实。但是，科举把整个选拔的游戏，放在"读书"上面，游戏规则，就是"读"与"写"。于是在中国形成了一个自圆其说的"教育"概念。

第一，参与科举这场游戏，是社会上升的唯一途径（在古代是"升官发财"）。

第二，这场游戏，没有任何入场券，任何人都可以参加（虽则大多数时候只有男性可以参加），因此是社会上升的阶梯，而且是可见成果的阶梯。

第三，这场游戏，参与其中的办法非常的简单明了，就是锻炼

"读"与"写"的能力。

第四，这场游戏的基本活动，是严格的考试。

第五，这场游戏，是一场竞赛。要赢，也就是要打倒别人，才能胜出；只有相对的强弱，而没有绝对的胜数。比如说，全国只有一位状元。

第六，强弱之分，是由"上面"决定的，但是人们还是相信选拔是公道的。

第七，这场游戏让人相信，任何人都没有先天的优势，都要靠后天的努力。之前的小说、戏曲、传说，都是赞扬"十年寒窗"。

第八，久而久之，人们把科举要求的"读"与"写"，看成是"教育"。直到今天，在华人社会，"教育""读书""上学"是同义词。

第九，"教育"的目的，就是考试成功，也就是考取功名。因此，教育与考试，其实是一件事——没有考试就没有教育。传统的中国文化，往往把"学问"与"功名"混为一谈。

第十，"读书""考试""社会上升"三个概念，就构成了中国传统社会的教育观念。

科举观念，深入文化

清末，1905 年，科举制被取消。当时的社会是如何适应这种变化，人们如何为子弟寻求社会流动，我没有足够的民情数据来作出任何推断。不过当时成立的大学，如北洋大学（今"天津大学"），都是强调西方的科学技术，以应对列强的"船坚炮利"；但是又强调"西学为体，中学为用"，要在大学教育中体现中国传统的道德伦理。

反正到了西式教育比较盛行的时候，一些出名的大学，如燕京大学（北京大学）、南开、金陵女大、清华、圣约翰等，大致也起了培养社会上层的作用。不过大致来说，穷家子弟不多。

记得王赓武校长说过，香港大学的头几十年，并非富裕家长的首选。因为富裕的家长，都会找机会把子女送到外国留学，而留学毕业生是非常吃香的；其他的就在国内的知名大学谋求上升。换句话说，香港大学并非当时社会上升的途径，满足不了家长的"科举"梦想。

大学功能：社会上升

我1963年入读香港大学，同学中甚少富家子弟。大学有 bursary，是一种助学金。香港大学开始发挥了让学生社会上升的角色。

到了1969年，政府提供相当慷慨和全面的助学金与大学生贷款，当时又有了中文大学，贫苦家庭的子女，开始大规模进入大学。70年代的毕业生，也就是今天已经退休的那批精英，都可以说是大学所提供的社会流动的产品。一开始大多数是做公务员或者是教师。他们也是第一批公共知识分子。80年代中期开始，有超过半数的香港大学的毕业生进入私营机构，他们是香港第一批本地CEO，或者是公民社会的领袖。

据王赓武校长的观察，这时候的香港大学，实际上是科举的替代品。也就是说，家长把入读大学，看成是美好未来的同义词。而实际上，与西方工业社会不一样，大学毕业生的收入，远远超过中学毕业生。

把大学入学等同于进入上层社会，当然不止于香港，几乎东亚社会，都有这种现象。中国建立科举制度不久，日本在公元701年首先仿效（后来中途有不少变数），朝鲜在公元958年设立科举（至今还每年举行科举节），越南则是1075年设立科举。这几个社会的学生，因为这样的教育观念艰苦勤奋、投身竞争、相信后天；但也形成了只问"功名"，志在赢取，崇尚攀比，不计学问的教育文化。送孩子上学的目的，就是赤裸裸地为了社会上升。

必须说明，争取进入大学教育以求进入社会上层，不是这些"筷子社会"的专有。前几天碰到世界银行的朋友，知道81岁的萨卡洛普洛斯（George Psacharoupolos）还在不断做他的高等教育回报率研究。他一生做了大概超过100个国家的回报率研究。其原理，就个人来说，就是念了大学，虽然押后了就业，减少了收入，但是，终生的收入还是比没念大学的高。因此，念大学是一种投资。

大学招生，另类优才

在西方，那是理性经济计算的分析；在东亚，那是不言而喻、理所当然的文化；在西方，有没有念过大学，收入差距不如东亚的大。

读者会想："既然是文化使然，那就只好认命，没有改变的可能。"那有一定的道理。教育里面发生的事，不都是由于教育内部的原因，没有办法从教育内部加以改变。科举的观念，是因为教育有它的社会功能，因此即使取消了科举，观念还在。

读者又会想："既然如此，也只好由他去吧，反正我们自己都是这样过来的。"但是，分明社会又普遍地埋怨学校教育令我们的孩子感到沉闷、压力很大、很多忧虑、很不愉快。我认为，这是因为社会变了，单靠"功名"（学历），已经难以生存。我的描述，过去是"一纸文凭、一技傍身"，就可以"一劳永逸、一帆风顺、从一而终"。但是此情不再！下一代，需要不断适应、不断学习、不断改变、不断突破、不断创新……在现代社会生活的家长，他们对学校生活的看法也在变。现在的学校制度，正在经受前所未有的压力，需要改变。

那么，我们可以做什么？大学招生，是一个难以回避的起点。不是要大学不"择优"，也不可能要大学改变自身的社会功能。但是这个社会功能的内涵变了。只考虑学业成绩，就会招到只会"读书"的学生，或者是只知道追求"功名"的学生，就会失去很多有其他"优才"的学生。培养出来的毕业生，就未必有能力在未来的变幻社会中生活。因此，不是不择优，而是用新的眼光看什么叫"优"。

大学招生，还有影响中小学的一面。大学招生的条件拓宽了，就给中小学去掉了瓶颈，让学生有更宽阔的学习空间，让他们以更宽阔的胸怀迎接未来。这绝对不是降低成绩门槛可以达致的，不要以为降低分数就等于让出空间拓宽学习。

原载《信报·教育评论》（2018-08-31）

教育＝学以致用？

前年在国家教育行政学院的培训班上，接触过一批职业学校的负责人。当时的情况毫不乐观，他们都说是高等教育扩招以来，人们升读大学的欲望飙升，职业教育入读人数剧降，生源匮乏。反而是民办的职业学校，一直努力探索和钻营发展的空间，不断变换发展策略，因此也有不愁生源的。

"职业教育"的神话

职业教育，一直是一种神话。芝加哥大学教授菲利普·福斯特（Philip Foster），在 1965 年写过一篇出名的文章:《发展规划中的职业学校谬误》（*The Vocational School Fallacy in Development Planning*），坦率地指出，指望在学校里面进行职业培训，是一种"谬误"。这篇文章，至今仍然不断被人们引用。今天看来，与其说福斯特指的是学校，不如说是正规教育。也就是说，职业培训与正规教育格格不入。而随着正规教育面临的挑战，职业培训与正规教育的冲突就愈来愈明显。

先说正规教育。今天的正规教育，其实也是某种职业导向的机制。首先，今天的学校，是西方的产物。在西方，学校教育有别于传统的家庭教育，后者包括礼仪、音乐、诗歌、马术等，是贵族的游戏。英国与美国早期的学校，主要是识字与计算，目的是为了不太富裕家庭的子女也可以进城打工。一般认为，是 1870 年英国立法规定就学以后，学校才成为一种全社会的机制，也就是成为今天的所谓"教育制度"。

因此，学校制度基本上是工业社会的产品。儿童进入了教育制度，经过学校的"加工"，分别成为各个层次的劳动力。学校的金字塔——大学、中学、职业学校、义务教育，刚好与劳动力市场的金字塔相呼应。

这在典型的制造业为主的工业纪元，正是社会所需。学校经过筛选，分配给每一个人一种"学历"，代表着这个人拥有的生产力。拿着这个学历，进入结构森严的工作机构，按着程序、规章、制度，谨慎工作，也就是学校教育的主要目的，即使没有明言。君不见今天中国的教育政策，不是处处以"人才"作为教育的最终目标吗？现代教育制度关注的，是"人才""人力资源"，而不是"人"。

这里说这些，不是要做理想化的说教，而是这种概念，正在遭受着现实无情的挑战与冲击。

"学以致用"的谬误

第一，即使是正规教育，"对口就业"逐渐趋弱。例如学工程的不一定从事工程工作，例如会计行业招人不在乎其是否念过会计。以前会认为这是浪费了学校的培养，现在大家都习以为常，不会引以为忤。就正规教育与就业的接口来说，无所谓"学以致用"。

第二，即使第一次就业是"对口"的，例如念法律的真的当了律师，又或者念历史的继续深造历史学，不出几年，难保这位青年又转行去干其他的了。人的一生，会不断地转工、转行。即使自己不想转工，社会的急速变化，也会迫使人们转变工作岗位，甚至失业、待业，再没有永久的"学以致用"。人们需要按需地（on-demand）、及时地（just-in-time）、不断地、适应性地学习。这可以说是广义的职业学习，可以是自学、上网学、短期培训，但不是正规的、长期的、传统的所谓"职业教育"。

第三，不受雇而个体创业的人愈来愈多。他们不愿意当雇员，摆脱了机构的束缚，自己寻找自己的工作，自己设计自己的经济生活。他们没有职位，但是可以有非常充实的工作、生活。有些是做个体工作，同时服务于多个客户；有些是一人一公司，或者是灵活合伙，从事创意工作；有些创立 NGO 或者类似组织，为理想而工作；也有些是"多形态"工作，运用特长，提供多角度的服务。这种种新型的工作形态，所需要的知识与技能，表面看来，往往与学校里面学的风马牛不相及。假如是指正规教育与工作的关系，传统的"学以致用"，就难以成立。

第四，由于生产模式的剧变（由大量生产到量身定制，从数量到质量），由于工作形态的变化（小单位、扁平结构、一站式），人们不再受到机构规章制度的限制，但也不再受到规章制度的保护。频繁的人际交往，代替了繁文缛节和繁琐程序。"人"的因素上升。个人的个性、品格、道德、价值、情感、操守因此暴露无遗，处处受到考验。这些方面的学习，也许正是正规教育的最主要任务；因为这不可能一蹴而就，需要大集体里面的长期沉浸。而这些，又恰恰是正规教育里面最"不正规"的部分，是学历里面没有包含的部分。这其实是真正的"学以致用"，学校是否这样想呢？

"职业教育"的明天

回到职业教育，如此看，不但不应该抛弃职业教育，而是应该称为"适应性学习"，应该成为人生路途上不断学习的框架。若真正如此，则所谓"职业教育"（姑且称之），也许需要彻底的转型。这些，也许正是香港的职业教育近年努力的方向，也因此受到国际社会的关注。

首先，职业教育过去需要靠正规教育的幌子才能生存；今天也许需要摆脱正规教育的影子，逐渐建立自己的门户，才不致受正规教育的牵累。其中一个重要因素，是不再不必要地把可以短的课程勉强拉长。今后，也许职业课程，将以短期著称。

其次，职业教育，以香港为例，以迅速灵活的适应为优势。这种优势仍然重要，但是以往依赖的雇主预测，也许愈来愈靠不住。因为变化太快，雇主本身也难以得出准确的预测。香港的做法，似乎是逐渐从以就业为目标，转为充实个人为目标；其实是从增加就业机会，逐渐转移到增加创业能力。近日参观的设计学院，就是一例：全人教育、丰富的课外活动与校外体验、自治的学生组织等，与大学无异。

　　社会变得太快了，大家都在摸索。肯摸索、肯尝试，就有希望！

原载《信报·教育评论》（2012-07-06）

人力资本新定义

这里与读者分享的，是 2006 年 10 月末的世界银行内部的"人力发展"全球研讨会。

世界银行最新出版的《世界发展报告二零零七》，出乎许多人的意料，主题是"发展与下一代"，讲的是"青年"。报告开章明义提出一个人力资本（human capital）的新定义，令人耳目一新。

本报告用的"人力资本"一词，广义地包括知识、技能以及人们生活和工作必需的种种素养。传统上，人力资本是指影响人们经济生产力的教育和健康水平。本报告在此之外，再加上达致成功生活的技能与素养。这包括三个方面：职业、家庭和社会。属于"职业"的是工作上的超越技术要求的一系列技能和素养，例如自律与团队合作。属于"家庭"的是健康，还有例如为人父母的素养，以及管理或者排解冲突的素养。属于"社会"的是有关作为社会成员享受权利与保护，但同时尽到义务的素养。

全文还没有中文本，以上是我自己的翻译，其中不断出现的一个词是"capacity"，找不到好的翻译，暂作"素养"，还不是太贴切，但是似乎略胜"能力"。在会上，世界银行的教育领导人不断提到"human capacity"，以有别于功能主义的"human resources"（人力资源），也有别于传统定义的"human capital"（人力资本）。也许毕竟是投资银行，这次重新高调地使用"人力资本"的概念，在投资的范畴里面寻找人力资本的新定义，不能不说是概念上的一个大突破，也可以说为挣扎中的"人力投资"理念在新的时代寻找新生。

以教育来说，传统的人力资本理论，集中表现在教育的成本收益分析。大致来说，教育的收益，是由于教育增量（例如大学与中学相比）而产生的终身收入增量（例如大学毕业生相对于中学毕业生的终身收入增量）；教育的成本，则是接受教育所需要的直接成本（如大学学费）和间接成本（如延迟就业减少收入的机会成本）。人力资本的理论，首次把人文性质的教育活动，纳入了经济计算，并且可以通过回报率推算现实教育投资在教育以外的、不立即可见的社会回报，因此为当年各国政府的教育经费投入找到了理据。对于在全球范围推动教育的发展，人力资本的理论功不可没。

20世纪70年代至90年代，大约20年里，世界银行对于计算教育的回报率可以说是乐而不疲。其中的代表人物是萨卡洛普洛斯，20年来不断计算和收集世界各国的教育回报率，一时无两。

虽然如此，教育回报率的计算，本身也不是没有问题的。教育的成本与收益，其实都是比较浮动的概念。参数的定义与计算，灰色地带很多，因此不能期求有唯一的、精确的、可供比较的计算结果。或者说，人们通过回报率的计算，理解教育过程的经济因素，多于用以指导教育投资的政策。因此，到了90年代，虽然还有零星的计算教育回报，而且比较着重微观的观察，计算人力资本的热潮大致已经停顿下来。而且，随着人文思潮的兴起，人们往往忌讳把"人"与"资本"挂钩，因此人力资本的提法，渐趋式微。

但是，进入21世纪，人力资本的提法，却受到根本的挑战。我曾经不止一次提出过，传统的人力资本概念，其实正在不断受到后工业社会人的经济生活的挑战。其中一个关键，是关于学历的"经济价值"。在工业社会，人是大约固定在一定的专门行业里面、一定的等级上面的；而学历，就负担着无数的个人与无数的职位之间的"对口"任务，或曰"信号"作用。但是在后工业社会，个人往往不断地在转换专业，等级之间的分野也渐趋模糊，或者不再长久。因此学历的作用就大不一样。学历的经济价值也变得不稳定。比如说，传统的人力资本运算，假设由于念了大学，个人的终生收入就会有显著的增值。在后工业社会，个人在中年重新进入一个陌生的专业的情形很普遍，就不能依据他们过去念书的专业，来估量他们的收入。

更根本的是，个人的成败，与他们的学历的关系愈来愈模糊。在工业社会，学历是把人类分类分等的依据，看的是他们已经懂得了些什么专业知识；在后工业社会，人的分类分等是短暂的、浮动的、多变的，与学历关系不明显。而且，最重要的是，在后工业社会，由于种种原因，人的因素上升成为生产或者服务的主要成败因素；而人的因素，偏偏是学历反映不出来的。用教育经济学的角度来看，就是学校发给的学历，在社会上已经没有了固定的经济价值；而现代社会重视的，或者说具有"经济价值"的人的因素，例如人际关系、自律能力、团队精神、排解能力、创新能力、自学能力、自省能力、受压能力、风险承担、个人承担、家庭承担、社会承担，等等，却都没有包含在学历这个概念里面。

而这些，却正好是世界银行的人力资本新定义的着重点。因此说，世界银行这次重新定义人力资本，超越了学历（知识与技能）。积极来看可以说是与时俱进，消极来看也可以说是为教育的经济意义寻找新的定位，为"人力资本""人力投资"寻找新的根据。

但是，如此一来，教育就更加腹背受敌了：传统的教育，囿于要为学生争取学历，于是无奈逼着学生"应试"，从来就是违反教育的本意。现在，即使在经济领域里，也不再把学生的学历作为唯一的参数，教育就再没有借口要死守"学历"作为唯一的奋斗目标了。社会于是要问："学校除了制造学历，还做了其他一些什么？"

（世界银行当时提出的"人力资本"新定义，的确令人耳目一新。但是现在看来，有点儿昙花一现，并没有引起太大的长远影响。倒是"人力资本"的提法，近年又有点儿死灰复燃：人们已经不太计较它的学术定义，而是拿来敦促政府要大力投资教育。似乎又回到上世纪60年代的朴素观念。）

原载《信报·教育评论》（2006-12-15）

教育：放眼看

看教育，不能只看今天，还要看下一代的未来长期发展。考试发榜，不论考生的成绩如何，也不论被录取的高等教育院校、课程是否合意，看来也需要有长远的考虑。推而广之，不管是个人还是整个体系，有关教育的考虑，里面都有一个时间维度。而这个维度，是最容易被忽略的。

电台上就有教师听众认为："现在的大学就是太多。现在很多学生根本就没有资格念大学。""资格"这东西，其实是随着时间而改变的。1976 年，全港教育界反对"中三淘汰试"，也就是反对只有40% 的学生可以升上中四。当时主张"中三淘汰试"的，就是认为很多人不适宜超越中三。事实上，实行九年强迫教育（义务教育）以后最初一段时间，也有不少教师觉得学生很难教，"今不如昔"，觉得很多学生根本就不应该升上中四。

时移世易，今天，这样想的人很少了（不能说没有）。并不是今天的学生能力比以前高了，忽然够资格了，而是我们对教育的看法变了。义务教育是社会（和政府）的义务，也是家长与学生的义务。不管学生"能力"如何，他们都要入学，学校都要为他们提供教育。这种观念，已经超过了高中，延伸到广义的高等教育。教育的择优功能，正在逐渐减退，或者说，择优的关口正在往上移。

教育观念，时移世易

这种观念的演化，也是由于社会变了。很久以前，初小（四年级）毕业就可以当警察；现在就不可思议。不久以前，空中服务员没有大学毕业的；现在几乎没有不是大学毕业的。30 年前高中毕业生就可以担任的工作，现在非要大学毕业生才能胜任。三四十年前主流的就业机会，是工厂的第一线操作工，不需要任何学历；这样的工作已经越来越少。

教育，不能只看现在，要多看几十年。现在十几岁的年轻人，他们之后 40 年左右的工作和生活，会是怎样的？作为教育工作者，也许可以随意地说他们没有能力、不够资格；假如是他们的父母，会怎样想？

又常常听到相近的说法："香港现在不需要大学生，我们缺的是中等技术人员。"这也许是事实，也是一些雇主眼前的需求。但是要问雇主，之后五年、十年，你的需求也是一样吗？很多雇主也许答不上来（有些甚至不知道到时公司是否还存在）。事实上，这些"中等技术"，有些已经追不上市场要求，接近被淘汰；有些正在逐渐被新的技术或者机器替代；有些技术的存在，仅仅就是因为工资低；

而很多所谓"中等技术"其实需要有高等教育的背景；等等。20 年前的中等技术，现在已经不多见；同理，今天的"中等技术"，很可能 20 年后就会被抛弃。雇主可以到时聘用较高学历的人员，但是只懂得过去的"中等技术"的人（那时候已是中年人），就会被社会遗弃，很可能变成社会的包袱。于是我们遇到一个矛盾：满足了雇主眼前的需求，就会牺牲了年轻人以后的前途，封了他们社会上升之路。

因此，为年轻人提供更多的高等教育，不是为了满足他们的升学愿望，而是为了社会的未来。这里面，有没有时间这个因素的考虑，教育的发展会很不一样。一位退休的职业教育资深人士，当遇到雇主的挑战——"我们需要的是马上可以用的中等技术人才"，她会反问："那你准备聘他多少年？"负责任的教育决策者，应该有这样的见地。

升学抉择，放眼长远

从个人来说，中学文凭发榜，何去何从，一样要有一点长远的观点。想争取进入政府资助的大学，或者学习心仪的课程，人之常情。结果与期望不符，当然是失望；但是放长远看一看，这不过是人生路途的一个站，虽然是一个大站，往后的路还很长。

现在很多人非常善意地鼓励失意的文凭生："还有许多升学的途径！"对于有些学生来说，这样的说法，不易被打动。因为到底还是有"退而求其次"的"档次"观念在里面。但是假如把时间的因素算进去，就不一样。进不了大学，就要改变策略，走所谓"第二途径""第三途径"。途径不一样，放眼看，还是朝着乐观的目标前进。

老实说，环顾周围的成功人士，已经不再都是少数传统大学的毕业生。而传统大学的毕业生，也不再醉心于传统的所谓"高档"行业。成功与否，年轻人的看法已经与传统的观念很不一样。18岁，人们对于进入什么学校，非常紧张；22岁，高等教育毕业，人们还会注意你的出身院校；到了30岁、40岁，就再也没有人在乎你在哪里念书。因为你的经验与阅历，决定了你的成就。在什么地方念的书，已经变成微不足道的因素。

还是时间因素：放长远看，文凭成绩如何，进了什么学校升学，都只不过是人生路上的一个中途站。

若要收效，需要时间

时间，也是学校制度的重要因素。学生各个不同，即使面对同样的课程、同样的教师，脑子里面形成的知识会很不一样；每个人学习的快慢、先后也不一样。可是我们却期望学生，在同一时间，同一进度，经受同一项考试，而且用此来决定他们的学业成败。在考试场上，为什么答卷答得慢的，就吃亏？难道能证明他们就一定能力较低？

时间表，大多数是分成一小段一小段的，35～45分钟一节课，每天每个学科学一点点儿。有学校尝试把每节课的时间灵活分配，可以有2小时、3小时的一堂课。那堂课的设计、气氛、要求、效果，会完全不一样。有些地方，尝试一整天、一整周，集中学习一个单元，有何不可？20世纪70年代，我在自己办的学校，就试验过，一整天教一个物理单元，效果奇佳。

　　　　　　　　　　　　　　　　　　　　　　　教育之变

具体的学习，更是如此。学中国古代诗词，能背，就算学会了？要学生掌握什么？学生不是一朝一夕就忽然有了文学修养。教一首诗、词，有长远的文学修养培养目标，让学生沉浸，与只求背诵、考试，就很不一样。

　　要学生有批判性思维（或曰"明辨性思维"），不是说上了一堂课、分析了一个案例，学生就有了这种思维。要培养此类思维，需要有全面的设计，但是也需要有长时间的实践、消化，让学生养成思考习惯。其中，教师与校长本身的思维方式与行事原则对学生影响最大。我们说这是"潜移默化""耳濡目染"，也就是说，需要时间。

　　教育里面的许多问题，都要把时间因素算进去。香港在 2001年左右出现副学士课程，才两三年，学生、社会、雇主，都还没有时间消化，舆论就急急忙忙要为副学士定生死。这是一类。今天的教师与校长，再过五年也许就会因为大批退休而人面全非，他们对于教育的理念会是怎样的？这是另一类。学校教师的工作量愈来愈重，而且趋势是还会更重，现在不解决，暂时好像没有危机，时间一长，迟早出大问题。这又是一类。

原载《信报·教育评论》（2016-07-15）

21 世纪——能力？
素质？素养？

　　总部在纽约的亚洲协会（Asia Society）立了一个项目，研究21 世纪能力（21 Century Competencies）的理念，在亚洲是如何体现的。我们的设计，找了 5 个所谓"儒家文化"（我称之为"筷子文化"）的教育系统：中国香港、中国台湾、韩国、日本、新加坡。其中新加坡严格来说是多民族社会，不过其教育发展的思路比较接近"儒家社会"，因此纳入。由我们香港大学的团队牵头，在每个地方找一队研究伙伴。

　　这些社会，在进入 21 世纪的时候，都不约而同思考比较彻底的教育改革。而改革的方向，都表现在对于传统的纯粹书本型学习的不满，认为不足以适应 21 世纪的现实需要。这恐怕也是全球几乎每一个社会目前所关注的。

　　其中美国的"21 世纪技能"影响最大，是因为"21 世纪"的提出，就像一个起床闹钟，把人们惊醒了——"时代不同了！"不过，闹钟不会告诉人们起床以后要干什么。美国的框架，只能代表美国文化里面对教育的期望；到了别的文化，就不一定适用。许多国家捧着美国的"21世纪技能"，如获至宝，不管本地社会与文化的现实如何，就想在本社会实施。在这几个"筷子文化"的国家和地区，却没有这个毛病，都很认真寻找各自的方向。

能力培养与素质养成

这种社会现实与文化的差异，首先就是名称。"21世纪XXX"，源自美国的"21 Century Skills"。直译是"21世纪技能"。一般分为四大类：（1）核心技能（一般理解为3R，即读、写、算）；（2）学习与创新技能；（3）信息、媒体、科技技能；（4）生活与职业技能。

由于政府的经费投入和民间基金的积极推动，"21世纪技能"在美国引起了颇为持续的"教育运动"。不过，美国各地用各自的理解去阐释这四个大范围。很多地方把"21世纪技能"，理解为"21世纪学习"。最常见的，例如把"学习与创新技能"分解为批判能力、创新能力、合作能力、沟通能力；把"生活与职业技能"分解为灵活性、主动性、交际力、生产力、领导力。

可以看到，这里的"skills"，已经引申为"思维"（thinking）、"素养"（literacy）等。其实已经超出了我们中文"技能"的范畴。

不管名词如何，这些都属于"能力"范畴，即使不是技术性的"技能"（如科技），也是属于可以培养的"能力"（如交际、合作、领导）。

为了与"skills"的狭义理解划清界限，新加坡就改为"21世纪能力"（21 Century Competencies）。其实，"competencies"的意思，不只是能力，也可以说是素质，包括四项目标，要使每个学生成为：自信的人、自主的学习者、主动的贡献者、有心的公民（意译，手头没有官方中文版）。

与美国的框架相比，新加坡的阐释，增加了"公民素养、全球意识与跨文化能力"，进一步离开了"能力"的范围，而进入价值观的范畴。的确，新加坡的框架，开章明义就提出核心价值，体现在个人的五个方面：自省、自理、负责任的决策、社会意识、人际关系（作者意译）。因此，也可以说，新加坡的框架，比起美国，"社会"的意义要宽广得多。新加坡的框架，进入了学生个人的"修养"与"个性"，这是美国的框架没有打算碰的。虽然如此，新加坡框架里，最后落实"skills"部分，其实与美国的大同小异，分别是把人的素质作为那些技能背后的动力。

名词上的敏感性，在中国台湾就更加突出，也更加显出文化上的差异。最近（2014年）的12年中小学课程大纲，则提出"启发生命潜能、陶养生活知能、促进生涯发展、涵育公民责任"四个目标，以达到"自发、互动、共好"的全人教育目标。但是基本的哲理，却一直很清晰，那就是沿着"修身、齐家、治国、平天下"的思路，来指导教育的改革。早前提出"知识、技能、态度"，现在逐渐演化为"知识、技能、素养"，也就是个人的内涵修养。台湾的舆论认为这是教育的核心，有人认为这也是目前的教育最缺乏的。而学者们认为，美国的"skills"，都是在工作中的表现，而没有涉及人的内在素质。

个人素养与公民素质

但这又引起了对于"素养"含义的争论。曾经有机会参与他们的讨论：是"competencies""literacy"还是"citizenship"？最近的言论，似乎偏向于"citizenship"，也就是说，"素养"其实是"公民素养"，就进一步把"个人修养"与"社会进展"连在一起了。这与美国的以"能力"作为轴心的理念大相径庭，进一步离开了把教育与人力挂钩的经济话语。目前的争论，其实是一种挣扎，是希望摆脱美国为代表的近年西方实用主义教育哲学，回归到华人社会的传统思想。

在日本，这种回到传统的思路，就更加自然了。那也许是明治维新以来的思想传统。日本今年影响教育最大的是"生活之热忱"（zest for life）（我曾经翻译为"热爱生命"），也就是要培养热爱生活的新一代。消极来说，许多教育工作者认为这是重振日本的自豪感与进取性；尤其是针对日本许多一蹶不振、厌世、避世的青年人。具体来说，是针对日益严重的欺凌、自杀、宅家。积极来说，"生活之热忱"包括三个层次：核心的是"基本能力"（语言、数学、科技）；外围一点的是"群体思维与解题能力"（定题解题、逻辑批判思维、高阶思维与适应能力）；最外围是"为世界而工作的实际能力"（主动性、人际关系、社会参与、建设可持续未来的责任心）。

原载《信报·教育评论》（2016-04-15）

目的的追寻

OECD 主持的 PISA ，完成 2015 届的研究，还发表了第三卷报告。这份报告，根据 PISA（15 岁学童）收集的许多背景数据，集中探索各国学生的"生活质量"（wellness）。

该报告开章明义说的一番话，值得深思：

"学校不只是学生获得学术技能的地方，学校也要帮助学生在逆境中变得更加坚强，与周围的人更加团结，也对未来有更高的期望。无论如何，学校是孩子们经历社会各个方面的第一个场所，这些经历将对他们生命中的态度与行为，产生莫大的影响。"（手头没有官方中文版，系作者翻译）

这是对于近年全球"分数挂帅""测评为尚""学业至上"潮流的一贴清醒剂。也可以间接感受到一股新的清流：追寻教育目的。

工业模式，学历挂帅

本书前文多次提到，当代的教育，集中在学校体系，基本上是工业社会高峰时期的产物。教育的目的，几乎全部在于学生就业，或者说全社会的劳动力供给与分配。毫不夸张地说，是把"人"（human beings）转化为"人力资源"（human resources）。因此，为学生提供的，主要是学历，是有市场价值的学历（credentials）。为了获得学历，学生就需要经过考试，因而有课程、大纲，因而有规定的科目、统一的学习过程，因而有班级，有学校……

从事教育工作的朋友，一定不服气。"我们在学校，也非常着重学生的全面成长，我们不只是为了考试。"的确，尤其在中国、日本、韩国，教师和学校的传统责任，绝对不限于考试、分数，这是事实。但是，这些学术成绩以外的学生成长过程，是主要的考试（尤其是公开考试）不会在意的。传统的香港学校，成绩表上还会有"操行"一栏，教师写上评语；有时候是英文的"conduct""application"。但是，在全社会性的公开考试（统考）中，教师和学生在科目成绩以外的努力，是没有记录的。

因而这些公开考试成绩表的用家——上一级的教育机构、未来雇主——也无从在成绩表上看到学生学业成绩以外的表现。不是有谁做错了什么事，而是公开考试的目标，本来就不包括那些"软"因素。因此，大学也好，雇主也罢，只好从学校的推荐、短暂的面试、临时的心理测验等，来了解学生的"软"能力。

四大支柱，超越学历

在西方的教育文献里，能够突破这种且称为"纯智力"因素的，是 1956 年本杰明·布鲁姆的分类（taxonomy）。这本来是广义的课程范畴分类，分为智力（cognitive）、情感（affective）与动作（psychomotor），大致是知识、态度与技能。据此，他把人类的学习分为记忆、理解、应用、分析、综合、评估、创造七个层次。但是学历的评定，几乎都是停留在低层次的记忆，加上少量的理解、应用与分析。情感范畴的表现，鲜有进入测评领域的，也不是"分数"形式的测评足以表达的。

首先在理念上突破现代教育建制观念的，是联合国教科文组织在 1996 年发表的一份报告，一般以撰写组的主席命名，称为 Delors Report（德洛尔报告）。书的原名是 *Learning: The Treasure Within*（《教育：财富蕴藏其中》），提出了人类学习的"四大支柱"：learning to know，learning to do，learning to live together，learning to be（学会学习，学会实践，学会共存，学会自处）。这是第一次打破了教育建制的时间与空间限制，因此把学习的领域，扩到学校以外、学龄之后。以后的终身学习、校外的体验式学习，都含在这个框架里面。Delors 报告的影响，历久不衰，是颇为有前瞻性的文件。至今，许多国家的教育改革，都拿它作为根据。但是按四大支柱的原理，今天的正规教育，尤其是公开考试所包含的，充其量只是"learning to know"。其他的，都不属于学历的范围。

随后，在 2003 年，经过经年的努力，经济合作发展组织发表了一份报告，现在一般称为 *DeSeCo*，全名是 *Definition and*

Selection of Key Competencies（《关键能力的定义和选择》）。这是一份颇为详尽的报告，目的是为了"（个人的）成功生活与社会的有效运作"。总括来说，是简洁的三条：在复杂的群体中与人交往、自主地生活、灵活地运用工具。简单来说是如何"对人、对己、对事"。*DeSoCo* 也是至今经常被各国的教育政策文件所引用。用这个框架来检视教育，其实今天的教育制度所重视的，只是"运用工具"，即"对事"的一小部分。

这样来看 2002 年美国的"21st Century Skills"，就显得比较狭隘。其实，21 世纪技能的说法，在 20 世纪 90 年代已经有人提起，也有点不胫而走，提醒人们这是新世代，应该与过去（20 世纪）不一样。也就是另一个版本的"不一样的教育"。2002 年，由于有了一个"21st Century Skills Partnership"（21 世纪技能合作组织），政府配对拨款，动员社会机构和资源，让学生学会正规学业以外的技能。虽然后来这些"技能"衍生出不少不同的阐释，但是始终摆脱不了"技能"（skills）这个总概念。照我的理解，skills 有两个特点：一是工作的需要；二是可以经过训练达到的。与上述的 Delors 与 DeSeCo 比较，这里面缺少了人的素质的考虑与价值观的元素。

五育并重，返璞归真

上面提到的 PISA 第三卷，则提出了学生的"生活质量"这个概念，包括"智力、心理、身体、群体"四个范畴。认为影响学生的因素包括家庭、家内资源、小区、同辈、教师、学校。而更大范围的宏观影响，则包括教育政策、社会政策、文化价值、经济状况、科技创新、全球动态等因素。显然也是希望从总体的视角，来看教育的目的。

如此看来，在全球范围内，过去的 20 年左右，都有一个不能满足于纯粹建基于学业成绩的学历体系，而再重新追寻教育的根本目的。看来，这将是一个漫长而艰辛的过程，因为教育是一个异常牢固的社会建制，而且形成了一个自我满足、自圆其说，不容易感受外部社会冲击的封闭系统。要动摇，谈何容易！

有两点感受。第一，看看西方的探索，不禁要想到华人社会的"五育"观念：德、智、体、群、美。2016 年我们为亚洲协会作的研究，近年在东亚社会出现的教育改革，莫不回到"五育"的框架。而这个框架，似乎比上述的一些探索要来得全面和严谨。我们在香港的一些朋友，有时候会觉得"五育"是陈腔滥调；但是细心探究，也许是千年来积累下来的智慧，触及了人类学习跨越时代的根本；因此在新的社会，可以返璞归真。第二，教育的讨论，是否可以区别两种相反的走向：是加强传统的正规学历，而不惜牺牲学生其他的学习，还是减轻正规的学业负担与考试压力，而释放学生丰厚的学习潜力？

原载《信报·教育评论》（2017-05-12）

教师：改革对象？

看到这个标题，莫惊慌！说的不是中国，也不是东亚这一带的"筷子文化"社会。把教师看成是改革对象，是美国目前盲目走进了死胡同。有这么一种思路：学生学得好不好，要看教师；因此教育要改革，首先是改革教师。

2014 年，参加了几个会议，论题都是教师。7 月初，美国的阿斯本研究所（Aspen Institute），召开了一个只有 20 人的小型会议，论题是教师的专业学习，参加者一半是各地杰出的校区主管，一半是主持一些教育创新项目的组织。8 月初，美国全国教育与经济研究中心在缅恩州（Portland）开咨询年会，其中一个论题就是一项八个国家／城市的教师政策的比较。

政策话题：教师还是学习？

9 月初在瑞典斯德哥尔摩，由瑞典皇家科学院与 Wenner-Gren 基金联合主持一个会，邀来了许多国家的专家，论题是"教师能力与教师专业"。经济合作发展组织近日发表的 TALIS（教与学国际调查），有许多有关教师的数据，成为话题的轴心。

9 月中，一个机构（Educate Services，号称是英国"教师评估工具的市场最大占有者"）得到教育部的支持，在伦敦举办一个一天的会，论题竟是"教育评估是改善学生成就的关键动力"，还得到新上任的教育部长亲临讲话。

10 月初，OECD 与近年在国际舞台崛起的教师职工会国际联盟"教育国际"（Education International），在英国剑桥大学合办一个小型研讨会，配合全球"全民教育"的议题，焦点是"教师专业精神"。

这股潮流，大概始于 2010 年 PISA 成绩公布，上海独占鳌头，美国总统奥巴马异常紧张。由教育部长倡议，召开了首次国际教师高峰会，之后每年在世界不同城市举行。参加者是教育部长与教师职工会领袖。我当了他们三年的回应员（rapporteur）。

把教育改革的入手点放在教师身上，这是西方国家特别是英美与东亚所谓"高表现"（指 PISA 排名，上海、香港、新加坡等城市）地区最大的分别。后三者的教育改革，都是从课程改革入手，也就是从学生的学习入手，教师的提高是服务于学生学习的。由于课程改了，学生学习的目标和形态变了，教师也感到需要变化，才有了奋斗的新目标。因此，教师的改革并不是第一步，也不是入手点。

教师因此不会是改革的对象，而是改革的动力。

政策重心：教师还是学生？

据我的观察，人们对于教育的认识是逐步的。二战以后"人力资源"概念的出现，引起各国对教育整体体系的关注。那时候的时髦是"教育规划"，讲究入学率、流失率、教育财政、系统结构、内部效率、外部效率、人口规划、学校分布，等等。那是 20 世纪六七十年代的主流。

80 年代，人们认识到，体系发展了，并不等于教育就会成功。于是整整十年左右，出现了"学校效能""学习改进"等的政策潮流。对于教育体系的注意，"重心"下移到了学校。

90 年代以来，对于教育的关注，中心又再下降。各国关注课程、教学、考试的愈来愈多。不过主流线索不明朗。进入了 21 世纪，中国（包括香港与台湾）、新加坡相继设计教育改革，但都是从课程改革入手。也就是说，把"重心"下降到了学生的学习。这里面，"学会学习""从以教为主，转为以学为主""教少些、学多些"，等等，都立足在"学习型社会"的基调上面。上述地区，发展很不一样，但是把重心移到"学习"上面，都是很鲜明的。

美国则不一样，由 2009 年 PISA 上海的刺激开始，首先注意的是对于教师的管理（或曰控制），以问责（accountability）为名，各州纷纷出现种种评估教师的系统和工具。而评估教师的指标，绝大部分是看学生成绩与学生辍学率。英国的趋势，也是把重点放在教师评估上，不过比较倾向于量度教师本身的表现，是以工商管理的理念来管理教师。

简单来说，美、英的思路，是工业生产的范式：学校如生产机器，学生如产品；管好工人，产品就会好。学生的成绩不过是教师的业绩。焦点放在教师身上，因此对于教育的认识，"重心"就老是放不下来，停留在教师的层面。我在美国许多场合谈起"学"（learning），人人点头称是，但是很快人们就会滑到"教"（teaching）。在我们的认识里面，"学"与"教"，不是一回事；"学习"与"教育"，也不是一回事。

教师身份：将军还是士兵？

在斯德哥尔摩，我的观点与新加坡国立教育学院院长的不约而同：我们的学校不是没有"问责"，也不是没有教师评估；但都没有把那些放在最核心的地位。我说："Accountability is the best when it is taken for granted！"（当责任被认为是理所当然的，是最好的！）

事实上，这次有挪威、德国非常严谨的数量化研究，再加上上述 TALIS 的国际比较，教师的"能力"（competence）与学生的学习表现之间，都看不出有非常确定的相关性，更莫论是否有因果关系。想通过管好教师来改变教育，其实只是想当然。

但是，以管理教师作为入手点，不止不能提高学生的学习，而且会腐蚀教师队伍，消磨专业精神。以强硬的手段管理教师，最终就会迫使教师心中怀着的，是自己的饭碗，而不是学生的学习；就会使教师从自主自豪的专业人员，沦为被鞭策的雇员；就会把成千上万的将军，贬为只知听令的士兵；把本来是改革动力的教师，看成改革的对象。

我曾经在美国一个场合，比较纽约市与上海市。学生数与教师数都是同一个数量级。在纽约，重在管，几万名教师，就是被驱动的士兵；在上海，几万名教师，是几万名将军。相同的一场仗，打起来很不一样。

从上述的会议主题也可以看到，人们的注意力，开始游移于"问责评估"与"专业发展"（专业学习）之间，希望逐渐扭转"以控制代替提高"的思潮。

有一次，美国盖茨基金有人员访问香港一所年轻的学校，问："你们是怎样处置表现差的教师的？"校长答得妙："也许是文化传统吧！我们讲究和谐。任何机构、人员都有长短，与其花大量的精力去处置极少数堕后的教师，倒不如集中精力塑造一个学习群体，让这些教师也能发挥积极的作用。"

原载《信报·教育评论》（2014-09-19）

升学与就业之外

　　讨论教育，常常提到"尖子"这个词。"尖子"概念的问题，在于把人分类分等，看成是金字塔；而且在孩子小小年纪的时候，就想把孩子筛选定当，于是定出了一套毫不自然的游戏规则，用单一的标准、狭窄的内容、简洁的过程，希望能把"尖子"终身地确定下来。然而，现代社会，再没有固定不变的金字塔，也再没有终身保证的"尖子"。用旧的"尖子"定义，现代社会需要很多很多的"尖子"，而且每一个人都有机会成为"尖子"，但往往是不太长期的"尖子"，而且出现了许多不同种类的"尖子"。这与古代每年才出一个状元，是完全不同的一个世界。

　　如此看，今天中学教育的任务，不再在于筛掉多数而选出少数，而在于让每一个学生将来都有机会成为出众的人才（或曰"尖子"）。不再在乎在中学时期对学生作出终身的评鉴，而是给每一个学生都留下充裕的、宽阔的出众空间。不再斤斤计较学生在个别方面的一时成败，而是讲究学生将来不会失去任何可以出众的机会。

习惯了现行教育制度的人，一定会觉得："这怎么可能？"用我们习惯了的观点看，要培养、挑选少数的出众人才尚且如此困难，要做到人人有机会出众岂非天方夜谭？的确，用旧的观点看，这是不可能的。这也毫不奇怪，因为旧的观点，其立足点，就在于只在乎少数。按照这种观点设计出来的教育制度、课程、考试，都会把大多数学生的"失败"，看成是天经地义的事。甚至认为，没有大多数人的失败，就不足以表现教育制度的严格要求，也就是教育素质不高的标志。这其实也是现存教育制度与社会发展相悖的要害之点。

教师，往往就处于这个时代的夹缝之中。这边，我们一贯的教育观念、专业习惯，告诉教师们，学生中一大部分是难以成材的，他们不适宜在教育制度中再发展下去。那边，社会又明明告诉我们，大部分青年其实是很有前途的，他们的一生，应该而且可以有许多发展机会。事实上，教师都会有这样的经验：在学校时看来很不成材的学生，在未来的事业生活中往往可以很成功。教师必须面对这个矛盾。其实整个教育制度都要面对这个矛盾，但是在教育前线经受冲击最大的，还是教师。

这种矛盾，其实在 1978 年香港实施普及九年义务教育的时候已经存在了。当时要人人念九年书，已经有许多不以为然的意见。工商界的顾虑是：人人都念这么多的书，谁来当工人？教育界一方面欢迎更多人念书，另一方面不无忧虑：怎么可能让这么多人都会考合格？工商界的顾虑是当时的社会使然，当时的确还有庞大的制造业需要大量的操作性工人。随着社会的变迁，工商界现在的想法也许刚好相反，他们现在的抱怨，往往是年轻人学历不够、知识不足、素质不高。教育界的忧虑，却与 25 年前差别不大：要这么多人念书容易，要大多数人念书成功却是难上加难。

从传统的教育观念看，是社会变得"不合理"了。明明是"力有不逮"的人，如何能胜任类似是以前领导层的工作？或者倒过来，为什么社会不再有那么多种需动手、不需动脑的工作，安置"力有不逮"的学生？至今，仍然有教育工作者会这么想，也会这么说："有些学生，根本就不适宜再念下去，而应该让他们学会一技之长，从事操作性的工作。"意思是正规学习不行的，可以因"一技之长"而另寻出路。

即使是从事职业培训甚至是再培训的，照说与社会密切相连的，也还是寄希望于"一技之长"。他们也许不知道，也许其实心里也知道，今天，"一技之长"只能应付环境于一时。能够因为"一技之长"而就业的，也许是最容易再失业的，因为技术要求很快就会过时。他们应该知道，也应该老实地告诉社会：今天的失业大军，大部分正是当年以"一技之长"而获得"稳定"职业的。

但是，若是倒过来想一想：这二三十年来，我们的教育与培训观念又有了多少变化？会不会是社会变了，而我们的教育、培训观念没有变？会不会不是社会变了，反而是我们的教育（包括培训）变得不合理了？

这又驱使我们去探索中学教育独有的使命。假如中学不是为了眼前的就业，而是为了终身的长远的生活（自然包括职业生活），中学的生活应该很不一样；假如中学也不是纯粹为了升上大学，而是为了终身的学习，中学的生活也应该很不一样。我们看出来的学生的成败，也会很不一样。

从这个角度看，假如中学的使命远远超乎升学与就业的分流，学生在中学必须学到的，就应该是终身生活的基础，是他们若学不到就会追悔莫及、终身抱恨的。

这类终身生活的基础，大概来说有几种：第一是基本技能，主要是语言能力、数字能力、推理能力；第二是学习能力，特别是自学能力；第三是中国人说的"处世之道"，包括人与人之间相处的伦理、道德、态度、责任等。次序也许不一定如此。

我这里这样一说，一定引起很多争论：很多朋友会说，基础的东西还有许多，有的说应该包括宗教，有的说应该包括美学，有的会说这样还不足以进入高等教育，有的又会说如此不足以进入职业岗位。

这样的争论是非常有意义的，但却恰恰是非常缺乏的。假如把正规教育的幼儿、小学、中学、大学看成四棒的接力赛，作为第三棒的中学应该起什么作用？作为青少年身心成长的关键阶段，中学生活必须包括哪些经历？作为相当一部分人正规教育的最后一站，什么是中学生非经历不可的，什么是可以在往后的日子里再学不迟的？这种种，其实都没有经过认真的考虑和研究。

这些方面研究下来，我们对于中学生的成功与失败，一定会有很不一样的估计，一定会救回不少被教育制度错判为"失败者"的有为青年。

（回顾起来，"接棒"的说法也不恰当。因为每一个阶段的学习，都会带来终身的影响。）

原载《信报·教育评论》（2003-08-16）

人的素质

2016年，在香港的一帮热心教育的 17 人，成立 Education 2.1 组织，在梁锦松先生的领导下，经过近乎两年的努力，发表了一份倡议书——阐述了社会的变化，因而提出教育应该有的变化。里面很多观点，与本书的阐述不谋而合。倡议书中提到教育的目的，应该是培养有素质的人。

我在本书的不同地方，都认为现在的教育制度，是工业社会顶峰时期的产物，基本上是一种经济话语——宏观上为了社会经济发展，微观上为了个人的就业能力（employability）。但是，假如不是经济话语，又应该是怎样的一种话语呢？教育 2.1 组织关于人的素质的阐述，可以说是一个开拓性的例子。

人的素质，原来分为三部分：学养（capability）、修养（attribute）、价值观（values）。经过在很多场合的互动、推敲，我把其中的"修养"，又分为"修养"与"态度"两部分。

1. 学养，是指理解与运用的能力，大致属于知识与素养的范畴。包括语言、数学、科技、世界、民族、公民、艺术、健康等方面的基础知识。

这些能力和知识的构建，主要靠正规课程，但是也愈来愈增加了许多学习的渠道，包括各式各样的新旧媒体。

这些能力、知识的测定，大致是比较传统的考试、测验，虽然这些考评方法正在不断从测验知识的存量转向测验理解与运用。而且，从测验个人，愈来愈多加进集体的元素。

2. 修养，是指待人处事的能力，是个人生存、成功和改变社会的必需，也可以说是所谓"软能力"。其包括解题、创新、合群、领导、包容等，也包括对各类种族、宗教、文化的尊重与敏锐。

这些能力的形成，大多靠经历，靠体验，包括与课内有关的实验、试验、创作、见习、实习，尤其是团队合作；但主要靠课外的组织、活动、演出、比赛以及校外的体验、服务、游历，等等。

这些能力的体现，主要是在有关活动中的表现，而且并不一定在学习的过程中就能看到，更不是在学习之后马上就可以见效，更多是在现实的实践之中才能感觉到。

因此，这类能力的评鉴，纸笔的测验作用不大，现场的观察也只能起辅助作用。

实际上，过程与经历至为重要；学习的成果，其实要测量不太容易，要在将来真实的工作环境中才能看到，在学校的环境下，难以测出成效。这方面的测量，也许重在过程，或以记录学习过程的学生档案代替终结考试；或者只是以"合格／不合格""有／无"作为评估。

态度，这里是指人生态度，包括积极的人生态度、迎难而上的精神、不屈不挠的坚韧意志、吃苦耐劳的艰苦准备、自我反省的谦虚态度、不怕失败的不断尝试，等等。

态度的养成，与修养相似，主要靠生活经验、学习的经历、工作的体验，还有在生活和工作中受到的启发、感染。这类的素质，我们传统的教育，归入品德范畴。

我们也许比较会表扬正面的表现，而往往放过负面的端倪。这方面，华人社会的教师，应该有非常丰富的经验，值得总结起来，形成大家可以分享的理论。

关于态度的测评，与修养大致一样，很难用纸笔测验，或者是在学校的环境里面测评。但是有经验的教师，是很容易观察到的。这是总体观察与精准测量的分别。

3. 价值观，是指信念、准则、假设。下一代的价值观胜过上一代，是社会前进的必需。价值观是对于事物的是非、美丑、真伪、优劣、轻重、爱恨的判断与情感，包括对环境、社会、世界、国家、民族、自我、家庭、人生的基本观念，也包括和平、关爱、公义、诚信、施舍、信仰等正面的价值观。

价值观的养成，听取授课，只是起着边缘作用，重要的是周围的人群潜移默化的影响。因此，关键的是周围人的信仰、家庭的氛围、教师的身教、学校的风气、社会的文化；也靠群体的议论、探讨，或者是体艺活动的熏陶。

不过，现在的年轻人，还是活在第二社会——数码空间电子平台的虚拟社会。很多人稍有空间，就沉浸在这个虚拟社会之中。由于信息的泛滥，碰到稍有争议的事情，就会真伪难分，因而很容易形成狭隘的小圈子"共识"，我们称为"围炉"现象，西方称为"回音室"（echo chamber）——只相信自己喜欢的信息，而编造自圆其说的故事。对事物、对社会、对世界的看法（也就是价值观），由此形成。在西方，在最恶劣的情形下，这些社交平台还可以被"武器化"，产生暴劣的结果。

价值观的成果，难以在学校的环境下作出有效的测评。一个人的价值观，要在长远的人生历程中，在真正的遭遇中得到考验。比如说诚信，未来的生活才是真正的试金石。

在香港的社会文化中，由于价值观的多元化，更是不容易找到确定的判断标准。香港这样的社会，是否也要有价值观的底线？这也许是对香港社会的一个挑战。

这里特别值得对于价值观的养成加点注脚。

第一，这类学习，说新不新，说旧不旧。几乎全世界的教师，都会或多或少把年轻人的品格养成，看成是自己的天职，只不过现代学校的运作，未必完全有利于行使这种天职而已。现在出现的，是由于社会的变化，这种教育固有的功能，又被发掘出来，放到教育政策的前沿。在这个过程中，不只是把传统的一些概念重新活化，而是把它们具体化、系统化，又加进新的元素而现代化。因此，是传承传统，但又不是复古。

第二，价值观，或者是"德育"的学习，往往是不在意的，在无形之中逐渐发展；而且是拥有许许多多的经历，接受许许多多的输入，才综合出现的。就学习科学来说，是"implicit learning"（不在意的学习），是"holistic learning"（总体性学习）。

这对于现有的教育系统，是一种挑战。现在的学校学习，是工业社会分工的运作，是分析性思维，把人的学习分拆成为许多分隔的部分，设计出许多分隔的学习活动。又期望每一项活动，产生出一种预计的成果。人类的学习，其实不是这样的，价值观的学习，更加不是这样。

原载《信报·教育评论》（2016-02-26）（有修订）

学生的工作体验

　　2016 年教育倡议组织"教育 2.1"与研究机构"政策 21"合作做了一项调查。228 所随机抽样的学校（包括中学、小学、幼儿园、特殊学校），平均每所学校有 9.8 项与校外机构合作的项目，涉及 1003 个校外的机构。这些项目，大多数是在校外举行的活动，是在社会上的活动。这只是抽样的研究，全香港来说，估计与学习成为伙伴而提供学生体验学习的，应该超过 3000 家。教育 2.1 倡议"全民教育、全面教育、全民投入"，其中的"全民投入"，称为"大教育"，就是倡议全社会为学生提供各式各样的学习经历。

　　值得一提的是，这种情况并没有政府政策的推动，也没有额外的资源，完全是由下而上的自发行为。学校有这个需要，也有大量的机构志愿提供这些学习机会。这些机构，包括工商机构、非政府组织、专业团体、媒体等。这说明：新世代的教育，不只是学校和教师的事，全社会都应该参与；而香港的经验证明，社会上的机构，也乐于投入。

"教育 2.1"在 2016 年举行过一次"大教育"的大型交流研讨会，之后逐步形成"大教育平台"。"大教育"的提出，有几个理念的支撑。第一，社会变了，学校不能只是准备学生考试，让学生取得学历，因为单靠学历，难以维持终身。第二，学生需要丰富的学习经历，香港的学校已经提供了相当丰富的"课外活动"，现在需要更多的"校外"的学习经历。第三，除了知识性的学识以外，很多有关态度、素养、价值观的学习，需要有实际生活的体验，体验学习因而成为学生成长主要的一部分，而体验学习只有在现实的社会中才能发生。第四，学习的年龄分段，正在不断受到冲击；中学与大学的界线、学习与工作的界线越来越模糊，学生参与社会事务的门槛则在不断地往下移；"先学业，后工作"的戒条也许需要重新审视。

其实，大家闭目想一想，一般的课外活动，已经是最有效的学习。第一，学生都是主动的学习者。第二，都是学生感兴趣的活动，没有缺乏动机的问题。第三，都是有实质性目的的活动（而不是做给老师看的）。第四，都是在实践中学习，而不是先学理论。第五，大多数是集体性的合作。第六，学生各取所需，各自有各自的期望与所得。这些，都完全符合学习科学的基本概念，因此说是最有效的学习。

上述的大教育平台，以及企业提供的现实工作经历，因为有了社会机构的参与，在社会的实际环境下发生，因此除了一般的课外活动的优点，还加上了实际参与贡献社会的经历，而这正是学习科学发现的重要一环。

工作实践，体验学习

2017 年，参加了"READY"计划的报告会，又是另一个例子。这个计划，专门为学生提供社会实践的机会。计划的来源，是特区政府的"儿童发展基金"，在陈龚伟莹女士与一些热心人士的推动之下，组成了"青少年发展企业联盟"，由社会上的各类机构，为16—19 岁的基层青少年提供工作体验的机会。这不是一般所谓的"见习"，因为机构提供机会，目的不是为了招工（虽然也有因此中意以后延聘的），而是义务的贡献。

学生有许多意想不到的惊喜。一些看来是很"起码"的事情，对他们来说有很大的冲击，没有这个"计划"，他们也许一生都不会突破。比如说，北区的学生，连中环都没有到过多少次，每天要花一个多小时到另一个地方上班，也是一种考验。比如说，第一天在零售店上班，穿着热裤，才知道上班与"出街"需要有不同的衣着。不少学生是参加了这个计划，才第一次知道自己要"储蓄"。

比较普遍的收获，是"责任心"。往往不是因为不负责任而被责备，而是被委以重任（例如保管全公司的钥匙）而胆战心惊。"十号风球"，街上人人争相回家，媒体的同事，却坚守岗位。在学校里面，功课做不好，不过是自己成绩不好，回家看家长脸色；在工作岗位上，稍有失责，可以牵连很大，连累整个项目。他们也从其他同事身上，学到了认真、坚持、好学等。又比如说，偏偏被派到做自己认为琐碎的工作，又或者自己最不喜欢的行业，后来发现原来里面有许多深刻的学问。

终身受用，岂止就业

请想一想，虽然是短短的几个星期，这些体验和学习，对于他们来说，是如何的震撼？是如何的终身受用？这些学习所引致的个人素养，远远超过这个"计划"题目所隐含的"就业装备"。这些，都是人生需要的"装备"。这些青少年参与这项"计划"的"抱负"，应该远远超过找一份工作。

这个计划，现在的规模不大，今年顺利完成的有 96 位学生。下一年准备提供 300 ～ 400 个名额。儿童发展基金是一个"配对基金"，政府配对，民间捐赠。这类的政府支出，效益非常大，不能只看到筹到多少经费，要看到拨动了多少社会的意愿和力量。特区政府不妨放手动员社会多方力量，其放大作用不可估量。

这样的项目，目前比较着重"基层青少年"，也就是缺乏"社会资本"家庭的子女，尤其是学业成绩不逮的学生。因此有"我才有用"的项目副题。其实，这类项目所提供的学习经历，以及所产生的学习成果，应该适合于所有学生。

原意是，学业成绩不能给予学生自信，他们在社会实践中却看到了自己的价值。其实，成绩好的学生，看到的只是一种编狭的自我价值，将来在社会上（或者在大学里）很快就会遇到挑战。

原意是，学业成绩未必给予学生可盼的前途，他们可以在实践中看到"我才有用"。但是可以看到，参与 READY 计划的学生，主要的收获是终身受用的素质和价值观。其实，在学校里平步青云的学生，或者是家庭经济比较宽裕的学生，往往被困在学校和家庭的宠爱环境中，更加需要这类经历。

异军突起，超越传统

这里无意建议要放弃这些"基层"青少年，但是在大面积惠及大多数青少年之前，起码应该让这些青少年认识到自己可以有非常宽阔的前途，何止是"有用"？动员社会力量为学生提供多元学习经历，在香港逐渐形成一个大家接受的风气。但是我在国外谈起，其他地方的朋友都会觉得新奇，甚至觉得不可理解。想下来，他们作出这样的反应，有几个原因。第一，在大多数国家的概念里，教育就是课堂里面、学校里面的那些学科知识，会觉得把社会实践也算在教育里，没有想过，不可思议。第二，他们会觉得，教育只是学校和教师的事，想不到其他社会上的机构有参与的必要与空间；有的是由社会机构接管学校（美国和英国都有相当规模），但是办的仍然是学习学术知识的学校。第三，他们想到的教育资源，主要是政府拨给，再加上民间捐助（这点美国较多），也可以赞助课外活动，但是大规模的学生参与社会实践，还没有出现过。

这说明，"大教育"的概念，是一种突破。这种突破，主要不在于扩大了教育的物质资源，而在于大大拓宽了学生的学习经历。也就是说，让教育的概念，扩大到全社会。而按照香港的实践，社会上的机构都乐于参与到这个"大教育"的大平台，为自己能够帮助年轻人而自豪。可以说，一种新的教育观念正在酝酿。即使是教育内部还有很多问题要解决，"大教育"可以说是异军突起，冲破了工业社会传统"教育"的樊笼，抢先进入了后工业社会的教育新境界。

原载《信报·教育评论》（2017-10-27）

戏剧的震撼

参加了英文中学联会的戏剧颁奖礼，震撼了我整个下午。

参加活动的有 47 所学校，分为七组，典礼上演出的是每个组的最杰出表演。47 所学校，各类学校都有，不再是传统的名校独霸天下；而且有些历史不长的学校，学生的英语水平颇高。这是非常可喜的。

另一个可喜的是获奖戏剧的题材很广泛：梦幻列车的个人反省、书呆子试图转型、收买灵魂的典押店、报贩眼中的街头百态、视学官的奇遇、Mario 的婚礼。从"搞笑"到警世，从学校到街头，从现实生活到电子世界。这是几组分开评出来的，尚且如此多样，可以想象初赛的剧本，题材一定更加缤纷。

更可喜的是，比赛获奖的演出，都是学生自己创作的剧本，由学生自导自演。听组织者说，参赛的若是改编的剧本，需要申明；但是大多数的剧本都是学生原创的，因此还设有"最佳剧本奖"。另外还有"最佳创意奖"。这也许正是震撼的来源。

震撼人心的表演

其中一个获奖剧，圣公会吕明才中学的 *Ava Tong*，是讲一位书呆子阿唐，成绩总是最好，但是老是被同学鄙视、揶揄，没有朋友；于是阿唐利用科学方法，变身英俊潇洒的美男子，同学们马上改观，他成为众人羡慕的对象；但却增加了其他的烦恼，最终变成无法复原的猿人而身亡。震撼的不只是他们的表演，还有周围学生观众的热烈反应。这里面包括多少对于学校价值观的不满、否定与反叛，并且得到观众热烈掌声的认同。但是剧里没有为观众下结论，给观众留下了更大的震撼空间。

上面只是一个不懂戏剧的观众的感受。所引起的震撼，一方面是，年轻学生内心的世界，原来对现实有如此深刻的失望与反感，那种灰色的人生观，竟是如此深刻；另一方面是，他们敢于在戏剧中赤裸裸地表达他们负面的情绪，而且没有意图作出任何判决、传达任何褒贬，或者表示任何好恶，更加是难能可贵。

道德是非的磨炼

这才发觉，这几个剧的表演，远远超过英语的使用。事实上，在全场都非常活跃的状况之下，人们早就不再在意这是英文还是中文（当然这也说明学生的英文还是很自然而又很达意的）。这是学生难得表达自己的机会。表达，在中国人的社会，往往不属于学生。

当时在观众席上我就想，令我震撼的是什么？是什么让我无法平静？是什么让我无法按下我的情感？就是他们的表达。他们心中有强烈的感觉，而通过戏剧把这些感觉更集中地放大了。这就是戏剧！对于编剧的同学，对于参加导演和演出的同学，这是多么难得的一种经历，是多么深刻的一种学习！

我从来觉得，戏剧在华人社会的教育里面，应该有特殊的地位。在我们的学校生活中，学生只许"对"，不许"错"。学生几乎没有机会在"对"与"错"当中作出抉择；也没有机会在"美"与"丑"、"善"与"恶"、"合理"与"不合理"、"合情"与"不近人情"之间作比较与对比。中国人总认为学校应该是一个纯粹的地方，学生要做完美的人，因此不得有半点差池。因此学生的所谓"好"与"坏"，是没有经过实践的考验的。也因此，到了真正的社会里面，他们的免疫力是很低的。

戏剧则不一样。戏剧总是把人推到道德、是非的边缘，逼着人作价值观的抉择。作为演员，学生就在扮演的角色里面，好像身临其境地经历着这些伦理的挑战。也是在这样的经历里面，他们在学习人生、学习疑难、学习抉择；也在这种模拟的经历里面，认识生活的起伏、感情的折磨、社会的残酷。反正是人生的酸甜苦辣、喜怒哀乐，都可以遍尝，即使是虚拟的。也许并不夸张地说，有戏剧与没有戏剧，学校生活是不一样的生活，学生经历也是不一样的经历。

由学生来做编剧、做导演，又进了一步，也就是让学生尝试把自己的感情，加以分析、重造，又加上适当的夸张。这就是我这个戏剧门外汉看到的戏剧化的"表达"。也因此认可他们的表演。

学校媒体的变乖

朱顺慈博士在她的研究中，发现媒体在学校里面变乖了。学校里的电台、电视台，虽然是学生主持的，学校也很开明而不加干预，但是主持者还是会自然而然地自我约束，自动按照传统的学校可以接受的尺度来调节白己的行为。因此，校内电台不会播放爱情歌曲，电视台的节目不会批评校方等。不是不敢，而是学生主持者也会觉得不应该，虽然也许没有任何人的命令。

从那天看到的戏剧表演来说，学校戏剧的编剧、导演、演员，似乎没有变乖的迹象。因此说难能可贵，可喜得很。也因此说，不管戏剧的内容是红、是黑、是灰，学生能够勇于表达，就是说他们懂得释放自己的情感，懂得用文明的办法表达自己的价值观，这难道不是值得庆贺的事情吗？

在这个过程中，他们要比较深入地去探讨各式各样的社会现象，各式各样的价值观，才能凝结成为震撼人心的戏剧。这难道不是我们教育工作者心底的期望吗？

时代变了，学生勇于表达自己的情怀，而且是在规定的、有纪律的、文明的、有序的前提下表达，我觉得是社会对学生的尊重，也会赢得学生对社会的尊重。

原载《信报·教育评论》(2010-05-14)

个别化学习

有一年，我到美国麻省的斯特布里奇旅游，那是一个仍然生活在 1836 年的小村庄。里面有第一所学校，我买了一些当年的课本。其中一本 *Code of Conduct*（《行为守则》），108 条之中，有一条："当听到老人重复同样的故事，别笑！"本文所载，多次在本书出现，别笑！

位于吉林长春的东北师范大学，退休不久的教育学院院长马云鹏，是香港中文大学林智中的博士生。我是他当年的考试委员。受他邀请，我参加了一个各大学"教师发展中心"联盟（又称"网络"）的年会。会议的主题，是"创造的教育与个性化学习"。给了我一个机会，把在本书中从不同角度表达的种种，整理在一个框架里面，核心是"个性化学习"。

对于学习的"个性化"，也有人称为"个人化"。我认为，"个性化"是"customised"，隐含要适应每位学生的"个性"，其实难以做到；"个人化"是"personalised"，本来应该可以实现，但是在华人社会，容易以为是鼓励"个人主义"。因此觉得"个别化学习"比较中性，也就是概念上因人而异，即传统的所谓"因材施教"（这句话可以有很多阐释，此处不赘述）。

社会碎片化，职业个别化

我一直认为，社会正在全面而迅速地走向碎片化。社会变了，而且愈变愈快，愈变愈剧。经济形态：大量生产已非主流。机构形态：大型科层组织逐步消亡，机构变得小、扁、脆弱；他们对于雇员的照顾与承诺，愈来愈弱。社会的碎片化，是必然的结果。因而引起个人职业生涯的飘忽和莫测。于是，出现了许多有关职业的现象——用非所学、转工转行、间歇打工、斜杠一族、创业自雇、失业啃老——已经成为常态。大学生退学，亦已非新闻。

因此，与上一代比较，年轻一代的职业观、成功感、幸福观，会很不一样。他们对于"jobs"，不如上一代那么重视；而客观上也不允许他们有非常长远的打算。他们对于机构的依赖也愈来愈弱，事实上也愈来愈渺茫。也就是说，他们愈来愈个人化、个别化、个性化。

这个过程，是根本的、全面的、不可逆的。其转变的根本性，类似历史上从农业社会转变到工业社会。农业社会，人类是被绑在土地上的，被自然世界束缚，但是生活基本上是可测的；到了工业社会，人自由了，进入机构，进入职位，进入行业，但是安定性少了。现在，机构、职位、行业都在变化，不可靠了。人，更加个别化了，更自由了，但也更孤单了。

所以，碎片化是整个社会的发展趋势，不由分说地已经来到。

猛进的科技，催化个别化

科技的发展，催化了社会的个别化。大数据与人工智能的发展，促使许多"中心"消亡。网上银行、网上购物、网上订餐、网上订票正在挤压实体的银行、商店、餐厅、旅行社，甚至律师行、会计师行、医疗中心。

同理，种种"共享"概念，正在不断蔓延：共享交通工具、共享办公室、共享空间，也正在冲击传统模式。

现在，足不出户，不止能知天下事，还能购天下物，能尝天下餐。看过日本的报道，"宅男"可以几个月不出户。最近听一位内地的大学教授说，也有大学生，几天不出门，但是照样阅读、游戏、沟通。现在有了物联网，甚至可以不离开自己的床、自己的书桌，而调度控制一切。

当然，影响最大的，还是人类的沟通。现在不少人是生活在手机里的。手机上沟通了，就算是沟通了，不再需要面对面的交往。前文提过，影响最大的社交平台，容易逐渐形成一面倒的意见，变成小圈子共识（group think）。于是，本来是群组内的偏见，却都以为是普世真理。

科技的发展，正在加速社会的碎片化，这一点儿都不夸张。而且，这种现象，还在不断扩张。

摆在教育面前的，是人们学习的模式变了，他们知识的来源变了，他们的价值观、社会观、人生观的形成过程变了。人们成长、成熟的过程和结果，都完全不一样了。但是，对于这些，教育工作者了解得很少。

说得不好听一些，教育工作者正在逐渐地被边缘化。以前我们以为教育工作者面对的是可控的一群人，教育工作者可以统筹学生的学习，所谓"人影响人"。现在是怎样一种状态？恐怕要花很大的功夫认真研究。

所以，我一再说："你们太看得起教育了。"这不是戏谑，而是深思熟虑的话。也不是教育界要推卸责任，而是教育的职能正在受到很大的挑战。现在流行的省力话："年轻人变成这样，肯定是教育的责任。"但愿真是如此！拿教育界来祭旗，问题就能解决？

假如我们沿用"教育"这个词，那么，新时代，在社会碎片化、人类生活个别化的状态下，教育应该是怎样的？似乎我们还没有提出这个问题，更遑论答案。我近年不断提出社会变化对教育的挑战，多少还是推理，没想到真实的世界，可以变得如此迅猛。我们教育工作者毫无准备，但大概毫不自知。

多元的个人，各异的学习

但是，"个别化学习"的提出，除了客观的社会因素以外，还因为人类的学习原来就是个别化的。我月前写了数十篇关于学习科学的文章，最基本的观点就是：人类因为自己的活动，塑造了人脑的发展，形成了概念，对周围的事物赋予意义，那就是人的知识。

因此，人的知识不是从外界输入人脑的，而是在自己的脑子里形成的。这一点是学习科学的关键。我们传统的概念，以为知识是从教师的脑袋输送到学生的脑袋；又或者从书本上输入到学生的脑袋。知识就像液体一样，流进学生的脑袋。把液体装得多、装得好的，就是学得好、分数高的；装得不够的，就是不合格，就是笨。这是完全误会了人的知识的形成（或曰建构）。

由于知识产生于人脑自身，因此人类的学习是各个相异的。也就是说，不同的人，他们的学习是不一样的。进一步说，就算是同样的经历，不同的人会产生不同的知识。我在外面演讲，之后很多人前来握手，我总是问："Does that make sense to you？"（你觉得有意义吗？）对方说"有"。再问："Why？"十个人会说出十种不同的感受。

平常在课堂中，教师讲课，往往以为学生听的都一样，其实每个学生的领会可能很不一样。只不过现在的制度，逼着他们到了考试就要提供一样的答案。我们也就以为他们学的都是一样的。

因此，学习的个别化，本来就是自然现象，并不是什么创新的教学法。不过在传统的工业社会教育制度里面，大家把"学历"作为教育目标，要达到择优淘汰的目的，就勉强把人的学习看成是可以统一化的工业生产模式。

新时代，学历的追求，逐渐让位给多元的、持续的、善变的学习。

缘于社会的变化、科技的猛进，教育被迫要还原人的学习真相。

原载《信报·教育评论》（2019-09-27）

"输在起跑线"：毒咒

"不要输在起跑线"或者"别让孩子输在起跑线"是内地几乎流行了十年的一句话。内地正经的评论，可以说是齐声讨伐，但是媒体与民间却越传越烈，苦口婆心不敌"爱儿心切"。这两年，这句话也在香港流行起来，甚至有学术机构糊里糊涂地用来作为研讨会的标题。

也许读者都明白，现在说"不要输在起跑线"，不是指运动场上的竞赛，而是比喻"孩子早期教育的重要"。这是最正面的阐释了：在运动场上，起跑慢了，就输了许多；孩子的教育，早期慢了，将来就会输许多。这听起来顺理成章，对于家长来说，很具刺激性，于是就想办法让孩子尽量多学一点。

其实，即使在运动场上，也没有起步越早越好的规则。起步过早，叫"偷步"。起步时间的拿捏，也是运动员的一种素养。这届奥运会，不是有运动员在游泳接力中过早起步而丧失资格吗？再说，

"起跑线"的重要性，仅限于短距离的冲刺式赛跑；跑过长跑的人都知道，长距离的竞赛，起步快慢，是否带头，是个别运动员自己的策略，在比赛后期才冲线成功的，比比皆是。

早期教育，极为重要

早期教育是否重要？当然重要，极为重要。幼儿时期的身体与心智的发展，影响其一生。有些发展，比如营养、语言，幼儿时期缺乏了，就会失去将来发展的良好基础。近年大家都接受了"母乳"喂养，就是一个很好的例子，因为这是后期难以补偿的。教育来说，愈来愈多的国家接受了早期双语（或多语）沉浸，那是后期教育不容易弥补的。还可以举出许多许多例子，说明我们的教育观念和制度，"重视大学，轻视幼儿"，是一种谬误，是违反人类成长规律的。我们的幼儿教师，资历要求最低、工资最低，也是违反了人类成长的真正需要。以经济学原理来说，幼儿教育节省一元钱，将来会以付出几十元作为代价。这是说，孩子的早期教育极为重要，需要全社会的重视和观念的改变。

但是"不要输在起跑线"，其毒害，不在于提倡早期教育。最大的毒害是一个"输"字，把家长的情绪都绑在"输""赢"的战车上了。孩子的成长，与他们的"输""赢"，完全是两回事。

这是幼儿成长与运动场最大的不同。运动场有固定的跑道，固定的方向，每个人按照统一的规则去跑。幼儿就很不一样。有些孩子（尤其男孩），到了两岁还不会说话，父母急死了，怕是哑巴；长大了可能是一个演说家。孩子不到一岁就能摸着墙学步了，家长高兴得不得了，但又不可能因此断定其将来就是运动家。孩子的成长，快与慢、早与迟，只有大概的阶段，每个人都不一样。如何定输赢？

孩子成长的早迟、快慢，牵动大人的情绪，那是人之常情，一般也不会带来任何祸害。但是若是人为地刻意去加速、提早，却很可能会危害孩子的成长。不久以前，很多家庭还用"学行车"，婴孩在懂得走路之前，在一个圆形的、有轮的小座位里面，用双脚撑地滑行，悠然自得；后来才知道，这是错误地、不自然地锻炼他们的腿部肌肉。现在就绝迹了。也有相反的，家长有时候误会了孩子的成长过程，孩子不会说话，就不与孩子讲话，结果孩子就缺少语言元素的输入，延迟了说话。

快慢迟早，无关宏旨

这些都说明，孩子的早期成长是有规律的，是在现实世界的环境中自然发生的，而发生的过程也是各不一样的。家长的责任，在于了解孩子，提供自然的环境，让他们健康成长。可以有对、错，有好、坏，都会影响孩子的成长，但是不存在输、赢的因素。

输、赢讲究的是比较，是比赛："看谁的孩子赢？""赢"是要打倒别人才算数。"赢"就要攀比。于是，"人家的孩子"就成了标尺："两岁就念唐诗了""三岁就学钢琴了"，还有英语、武术、书法、舞蹈、篮球、游泳，甚至记忆、思维方法等。有些适宜早学，有些不宜早学，哪里顾得这许多？反正同辈们的孩子都在学，人家一个暑假学七八样，我们家的只有四样，那不是明明"输"在起跑线了吗？暑假如是、平常如是，把孩子的时间塞得满满的。到底孩子学了些什么？损失了什么？无法考虑了。

家长有这个需求，有生意哪有不做的？于是出现了种种提供这类幼儿活动的项目和机构。有些比较认真；有些老实说纯粹是满足家长的欲望，但收费大都不便宜；有些明显地进度缓慢，香港人叫"耽症"（医生故意拖慢医疗）；有些貌似在引导学生学习，但却看不出有什么章则。反正源源不绝有家长把孩子送进来。

还有真正的比赛，小小年纪的幼儿就可以拿冠军、优异奖，家长好不高兴。（不止一次看到幼婴的爬行比赛，老是弄不懂在比什么。）

只顾输赢，不问错对

打倒了别人，自己得到了什么？往往没有家长会问一下自己。但是香港人是讲究成果的，于是给孩子制造一个丰满的"档案"（就是大学入学有时候要求的学习档案）。曾经看过一份幼儿的"档案"，有20多页，有40多项奖项，孩子才4岁。不可思议！朋友说我少见多怪，"还有更长的呢！"

于是轮到学校了。有少数的幼儿园和学校不看（甚至不接受）"档案"，但是大多数还是接受的，理由是："考生太多，多一点数据总是好的！"不知道哪一年开始，小小的幼儿，也要挑算、择优；也不知道是根据哪一门子的学问，可以三四岁（甚至两岁）就分出孩子的优劣。于是恶性循环，家长竞相把"档案"拉长、加厚，算是小小幼儿的"业绩"吧！孩子从小就以为，拿着一大本厚厚的"档案"，是自己的威风。

来来去去，把孩子最宝贵的学习时间，贡献给"档案"了。听过有家长说："人人都做，不做不行；还不能做得太差。"

这还不算，由于绝大多数学校都要面试，于是又出现了不少幼儿面试的训练班。许多家长都不以为然，但又不敢不参加。"我的孩子连话都没有讲全，参加训练总有点儿好处吧！"这更是与幼儿的成长一点儿关系都没有，只不过是过早要他们按大人的期望演戏。请问："不要输在起跑线"，是否是一个毒咒？

输、赢的观念，霸占着我们的教育，尤其是在幼儿最需要奔放地成长的时候，过了这个阶段，就要受到大社会的规范。在这个时候，强迫孩子去接受输、赢的煎熬，恰恰是在他们人生的起跑阶段，强迫他们做他们不应该做的事。其实是"错在起跑线"。

归根结底，"输、赢"与"好、坏"是两个不同的概念。如果都是低水平，赢的也还是低水平；如果都是错的，赢了就说明错得最厉害。

原载《信报·教育评论》（2016-08-12）

过去十年，
未来十年

　　21世纪第十年的除夕，是在严寒中度过的，晚上可以低到零下十四度。这是北京。与波士顿不一样，这里没有雪，奇干：湿度竟然是4%！北方人说："够呛！"北大的校园里，仍然是密集穿梭的人流，虽然都是缩瑟而行。然而学生普遍都穿得相当光鲜，流行的是带着毛边帽兜的上衣或者大衣，但是男的只有少数戴帽子，真佩服。看看周围，几乎找不到一个像我一样穿绒大衣的，都是穿羽绒服。变化真大！

　　说变化，北大的校园里面就有不少事物引起我的兴趣。以前来北大，都是匆匆忙忙，没法细看。偶尔走进了为学生开设的超级市场，光面包就起码有几十种，很多学生在选购。可见人们的饮食习惯已经变了，问问周围的学者，比较年轻的早上都是只喝牛奶、吃面包。学生说某个食堂好，进去坐下，侍者拿来的是电子菜牌，就

　　　　　　　　　　　　　　　　　　　　　　　　　　　教育之变

在机器上点菜。走过离"三角地"不远、"百周年纪念讲堂"附近的布告板，是团委办的《北大青年》"手机报"。跟北大同事谈起，原来人人都订几份手机报，团委是追上时代而已。印象最深的自然是教育学院刚使用不久的新大楼：房间的面积与光线、走廊的宽敞与明亮、设备的完备与先进，都会是世界上任何同类机构羡慕的；把以往那种简陋而将就的形象，一扫而光。

整个世界都在变，而过去十年左右是变化最明显的，教育更是如此。

2000—2007 年，全球高等教育学生人数，由 8500 万上升到 15000 万，几乎翻了一番。若是到 2009 年，增长一定更加惊人，因为许多国家发展高等教育是近两三年才开始启动的。世界上第一批高等教育发展超过高中毕业生需求的国家和地区（中国台湾、韩国、日本）（所谓"供过于求"），都是在最近十年发生的。

在基础教育方面，2001 年由 192 个国家和 23 个国际组织联合协议的《世纪发展目标》(*Millennium Development Goal*)，把"普及小学教育"列为全球在 2015 年必须完成的八大目标之一。而且在 2002 年设立了由世界银行牵头的、国际金融组织与私人基金联盟的"快线运动"(Fast Track Initiative)，集中资源，帮助贫穷地区突破普及小学教育的财政障碍。《世纪发展目标》还衍生了一年一度的《全球监察报告》(*Global Monitoring Report*)，"来真格的"。

全球教育政策从数量到素质的转型之中，OECD 组织的"国际学生评估项目"，也就是现在全球瞩目的 PISA，就是从 2000 年开始的。

从地区来看，现在牵动整个欧洲、把欧洲高等教育一体化并且全面改革的"博洛尼亚过程"（Bologna Process），就是在 1999 年，由 29 个国家的教育部长签署发起的《博洛尼亚宣言》（*Bologna Declaration*）开始的，现在已经发展到 47 个国家。这个运动，把欧洲的高等教育联成一体，之后迅速连续发展出 Eramus 计划（本科生跨国学习）、Erasmus Mundus 计划（外地生在欧洲跨三国学习的硕士课程）；目前还在积极地把欧洲各国教育推向其他各洲。

就中国内地来说，彻底改变高等教育面貌的是 1999 年开始的"扩招"，即把高校招生数增加 50%，从此高等教育规模不断上升，势不可挡，彻底改变了内地整个教育制度的面貌。

近一点的：香港的持久的教育改革，也是在 1999 年开动，在 2001 年制订方案的。

其他还有许多与教育有关的新发展，都是在过去十年左右才出现的：WTO 引起的"离岸办学"、脑科学引起的对人类学习的研究、学生人人备有笔记本计算机的大学教育、大规模的大学生交换计划、"服务学习"概念的发生、大型 NGO（非政府组织）介入教育发展、美国以外的大规模教育募款运动、大学的可持续校园概念，寥举数例。

要是超越教育来看，其实社会的变化更快：科技上的纳米、基因、干细胞、脑研究，金融行业的兴衰、创意行业的膨胀、中小组织的占多数、个人职业的不定性，终身学习、气候变化、医疗卫生、公平和谐成为政策主流等，都是最近十年才出现，或者才成为人们关注的焦点。

是这十年很特殊吗？这是一种看法。持这种看法的人，会有期待，希望这是"乱世"，扰攘一番之后，就会进入某种平稳阶段。他们会说："总不能老是那么不断地变！"

　　但也可以有另外一种看法：世界只会越变越快，只是我们不适应而已。持这种看法的人，会积极应对今后更快的变化。他们会说："以前的社会变化的周期，也许是 50 年、60 年，比人的职业寿命周期要长，因此人们就不容易感受到。现在社会变化的周期短了，五年一变、十年一大变，在一个人的一生，就可以变几次，因此感到特别的不习惯。"

　　读者，你认为呢？今后十年，是会慢下来，还是会变得更快？

原载《信报·教育评论》（2010-01-01）

从教育到学习

联合国教科文组织在 1972 年与 1996 年，曾经两次发表了有关学习的文件，后成书出版，影响深远。现在的社会，与 1996 年又有了很大的变化：一则，各国的教育都有显著的发展；二则，人们对教育的看法与期望也大不相同。

第二次世界大战以后，战后重建的过程，在欧洲与非洲，同样的援助资金，回报迥异，由此衍生出人力资本理论，认为人力资本与金钱资本同样重要，并且发展出以此为核心的教育经济学。回顾起来，一方面，各国政府自此以社会投资的观念发展教育，使教育立即登上各国发展的议程，而且教育从此成为涉及全民的政府行为；但另一方面，教育也从此陷入了国家经济发展（GDP 增长）和人力规划的经济话语。

在这种背景下，联合国教科文组织出版了 *Learning to be*（《学会生存》），把教育的属性，重新从"经济话语"拉回到"人性话

　　　　　　　　　　　　　　　　　　　　教育之变

语"；把教育的重要性，超乎国家与个人的经济回报，返回到每个个人的命运。

Learning to be 的"to be"，超乎"生存"，而含有"自在""自为"的意思。这在当时，是一服非常及时的清醒剂。可惜，这种哲理性的观念，只是在有限的学术圈子流传，对于各国的教育决策影响甚微。

20 世纪 90 年代，形势不大一样。60 年代许下的许多普及教育的诺言，没有兑现。60 年代最初的几年，分别在非洲的亚的斯亚贝巴（Addis Ababa）、拉丁美洲的利马（Lima）、亚洲的卡拉奇（Karachi），相继举行国际会议，大家摩拳擦掌，誓言要在 20 年之内，实现普及小学教育（一般是六年）。

20 年过去了，虽然各国的教育都有长足的发展，但并没有缩小国家之间的差距。而在各国内部，许多普及教育的数量指标（如入学率），还看不到有真正实现的曙光。1990 年泰国的宗滴恩会议，重新调整了基础教育发展的策略，提出了"人人受教育"（Education for All, EFA, 中文正规译为"全民教育"）的全球目标。

在这种形势下，1996 年，联合国教科文组织也似乎预见教育发展的本质性困难，发表了 Learning: The Treasure Within（《学习：内在的宝藏》），主持编写的是 Jacques Delors（雅克·德洛尔），因此也称 Delors Report。这份报告，提出了现在引为经典的学习"四大支柱"，本书多次介绍过，即：learning to know，learning to do，learning to live together，learning to be。可以译为"学会学习，学会实践，学会共存，学会自处"。

18 年来，这四大支柱，所受的重视似乎是愈来愈强。不只是进入了不少国家和国际组织的议程，而且成为行动和政策的纲领。例如加拿大的《国家学习议会》，就是根据这四个领域，制造出有 17 项指针的量表，比较国内各城市进入"学术型社会"的状态。最近经济合作与发展组织和联合国教科文组织开始研究"非智力学习"，也是归类到"学会共同生活"。

2000 年，国际组织回顾十年，普遍觉得要实现宗滴恩会议的 EFA 目标，障碍重重。于是在达喀尔会议上，又再调整策略，把 EFA 纳入八项"千禧年发展目标"（Millennium Development Goals，MDG）之一，从而每个国家都要接受每年一度的全球监控（global monitor）。又建立 Fast-Track Initiative（"快线行动"），汇集全球国际组织与私人基金的资源，集中资助最穷困的地区。

然而，问题愈来愈明显：不管如何监控、如何资助，"人人受教育"的全球目标，仍然遥遥无期。除了要达到 EFA 的数量指标以外，更大的困惑是，进了学校的孩子，受到的是怎样的教育？是否真正能够为他们创造更好的未来？

于是，人们认识到，即使数量的指标达到了，孩子都送到学校里去了，教育的素质（quality）马上成为焦点，不断被提上教育的国际论坛。不论国家的经济水平、文化背景，都遇到教育素质的难关。不过，以世界银行为首，倾向于用管理的手段，通过对学生的测试（assessment）提高教育素质，而且为此制定了学习量表。而联合国教科文组织、经济合作与发展组织、联合国儿童基金会则认为教育的素质，在于检视教育的"学习"本质，以科学的态度改善学生的"学习"。

还有，既然是"人人受教育"，没有进学校的孩子又如何？联合国儿童基金会和救助儿童（Save the Children）两大儿童组织，已经把 EFA 的口号，从"Education for All"（"人人受教育"）改为"Learning for All"（"人人要学习"）。就是因为在入学以前、学校以外、就学以后，人人都要学习。人们愈来愈明白，全民的学习，不限于学校。学习的意义，远远超过入学，也远远超越学校教育。

就是在这种前提下，联合国教科文组织感到有重访德洛尔报告的必要。联合国教科文组织负责人的想法：目的不在重写报告，因为德洛尔报告是前瞻性的报告，并没有重新定义"四大支柱"的必要。现在的任务，是如何在新的社会条件下，重新阐释学习在教育乃至全社会的中心地位。

联合国教科文组织的朋友认为，需要全面描绘全球性的、根本性的、不可逆的变化，才能容易让人们醒觉，今天学习的意义，已经很不一样。这里不妨简单罗列一下这些变化：

全球经济形态与生产模式的变化；个人职业生涯与社会流动的变化；人口（年龄、种族）结构与社会结构的基本变化；社会不均的扩延和社会不满的高涨；经济结构与金融制度愈趋不稳定；民众对政府、政党与政治制度失去信心；政府和民众对和平看法的迅速演化；军队在国家与社会中的角色蜕变；科技高速发展与人类沟通概念的变化；等等。还可以有许多许多。

在不同的国度，这些变化都存在，不过程度不同，轻重有异。每一种变化，都对教育提出新的挑战。

此外，教育本身也遭遇着不少根本性的变化。学习科学的惊人进展，挑战着从幼儿到老年人的学习模式；早期学习的重要性，挑战着对 0—3 岁孩子教育的忽略和忽视；人人入学的浪潮，挑战着阴魂不散的精英教育潜在意识；学生学习生活愈来愈复杂，挑战着教师的角色；愈来愈普及的高等教育，挑战着高等教育的传统学习模式；等等。还有，把职业准备的学习与技术培训混为一谈的糊涂账、老年学习理论与设施的缺匮、"非智力"学习科学化的压力，等等。这是一张很长的挑战清单。

教育这个概念，必然会迅速延伸，超越学校。学校教育，也必然会迅速延伸，超越纯粹的学业学习。学生的学习，也必然会愈来愈受到社会变迁的影响。这是教育需要改革的根本原因。但这是一个不会一蹴而就的过程，也不会是一个舒舒服服的过程，而是一个无可避免的过程。这个过程，也许没有完成的一天，但必须尽快起步，否则吃亏的是下一代。

原载《信报·教育评论》（2014-02-21）

《仁川宣言》——教育 2030

2015 年 5 月 19—22 日，在韩国仁川举行了一个世界教育论坛，发布了《仁川宣言》，为全世界提出了今后 15 年的教育愿景。这个目标，后来纳入了在同年 9 月 25—27 日举行的联合国大会通过的"可持续发展目标"，是 17 项发展目标的第 4 项。

2000 年，联合国曾经连同各个主要国际组织，提出过"千禧年发展目标"，当时有 8 项：消灭极端贫穷与饥饿，实现普及初等教育，促进两性平等并赋予妇女权利，降低儿童死亡率，改善妇产保健，与艾滋病、疟疾与其他疾病作斗争，确保环境的可持续能力，形成促进发展的全球伙伴关系。当时的目标年是 2015。

15 年很快过去。2013 年开始，各个国际组织就开始研究后 15 年的计划。结果得出了 17 项目标，目标年为 2030。这 17 项目标分别是：（1）消除贫困；（2）消除饥饿；（3）良好健康；（4）优质教育；（5）性别平等；（6）清洁饮水与卫生设施；（7）可持续能源；（8）就

业与经济增长;(9)创新与基建;(10)缩小不均;(11)可持续城市
与社区;(12)负责任的消费与生产;(13)气候行动;(14)水下生物;
(15)陆地生物;(16)和平与正义;(17)促进目标实现的伙伴关系。
比较起来,2000年的千禧发展目标比较细,或者说比较聚焦,2015
年的目标比较粗,也有人说比较难以界定是否达到目标。

教育目标,不断演化

　　教育方面的目标,从来就是与这些目标并行发展的。千禧发展
目标,比较鲜明聚焦,就是"到了2015年,世界各地儿童,不论男
女,都能完成小学教育"。这个目标也是1990年宗迪恩会议达成的
"人人受教育"和2000年达喀尔会议达成的"全民教育宣言"的继
续。从2013年开始,各地的国际组织就教育目标展开地区会议(亚
太区在曼谷),然后是全球的教育会议(达喀尔),在联合国大会之
前,就召开了仁川大会。

　　全民普及小学教育这个目标,由来已久。早在20世纪60年代
初,就在非洲的亚的斯亚贝巴、拉丁美洲的利马、亚洲的卡拉奇,
分别举行了普及教育的大会。当时大家雄心勃勃,誓言要在20年
内,在全世界实现九年义务教育。20年很快过去,到了80年代,
的确有许多国家的教育得到普及,但是国家之间的差距却愈来愈大。
经济不发达的国家,小学的入学率仍然很低,因此才有1990年宗迪
恩的会议,重新振作实现普及教育的目标。

　　我没有参加宗迪恩1990年的会议,不过参与了当时作为背景
研究的项目,也参加过在墨西哥召开的一个预备会议。当时的确有

点振奋人心，大家摩拳擦掌，决心大干一番。

但是这种振奋，好像很快就泄气了，因此才有 2000 年的达喀尔会议，回想起来，有点救亡的味道。达喀尔会议的结果，倒不是有什么新的目标，而是对于实施的过程有了一些新的措施。突出的是出现了每年一期的"全球监察报告"，报导每个国家步向全民教育的进度。另外，组成了"快线行动"，由国际资助机构与一些民间基金组成联盟，向亟须的地方重点注入资源。刚好碰上千禧发展目标，于是成为国际发展大潮流的一个支流，也是一个比较活跃与持久的重要支流。

普及教育，挣扎难达

回顾起来，20 世纪 60 年代提出的普及九年义务教育，是一个崇高的教育目标。该目标的提出，受到了"人力资本理论"的支撑，是教育理念的一个大突破：（1）资本不限于物质资源，也有人力资源。（2）教育也是投资，有社会与个人的回报；不投资、少投资，长远会吃亏。因此，各个国际机构、各个发达国家的援助组织，都准备在亚洲、非洲、拉丁美洲，在教育上投入大量的资金。

但是历史的发展，却无情地展示给我们，教育的发展，往往简化为学校的发展，又再简化为以学生入学为目标。至今，许多发展中国家，小学入学率仍然是奋斗（或曰挣扎）的目标。这种现象，为全球提出了许多严肃的问题。

第一，许多国家，经过这么多年，就是无法让所有儿童入学，许多国家的"入学率"一直在低水平徘徊，是什么原因？经费不足，还是政府不力？我们指望教育可以振兴经济，但往往是教育不前，经济停滞。这里面，恐怕不是简单的直线因果关系。非洲、拉丁美洲、亚洲，又似乎各有不同的图像。一味地投入经费，严格地监察，是否就能解决问题？

第二，这次可持续发展目标，在教育方面的一个大突破，是以"全民学习"代替了"全民教育"。许多国家还有许多没有入学的儿童，或者失学，或者中途辍学，他们在学校体系之外，要不要学习？联合国儿童基金会、救助儿童这两个机构，多年前已经带头用"Learning for All"的口号，是进了一大步。

这一步不容易，我就曾经在一个会上，听到一位南亚的教育部长，反对以"全民学习"代替"全民教育"，理由是："我们这些年来，千方百计，就是为了让儿童进入学校；假如承认不进学校也能学习，我们的政策将会崩溃。"这也可以反映出一些政府的关注重点。

全民学习，超越学校

受了教育，也就是进了学校，并不一定就会有学习。这不只是教育制度不发达的国家面临的问题，也是一些发达国家面临的问题。即使是像欧美这些发达国家，教育制度非常发达，但是学生学习的效果却不好。最近听一位美国的资深评论员说，有统计指出，美国高中毕业生的平均语文水平，是七年级的水平。因此，"全民学习"与"全民教育"是截然不同的两回事。更遑论在非洲国家，教师缺席往往是一个普遍现象。

由上述推导，经济发达的国家，他们的教育制度，也在面临前所未有的挑战。而许多发展中国家，还在以这些"发达"的教育制度为发展目标。他们也许正在陷入他们的"典范"失败的老路。如果不把学习作为发展的主要目标，说不定正在浪费资源，承受失败的教育模式。

这些问题，在国际组织之中，不能说很有共识。不过这次可持续发展目标里，教育（目标4）的总体目标是："为所有人确保包容、公平的优质教育，并促进终身学习机会。"可以说是目前可以达到的最优、最全面的共识，里面包括"全民""包容""公平""优质""终身"几个方面。

《仁川宣言》里有这么一段话："我们深为关切地注意到，今天世界上的失学儿童很大部分生活在受冲突影响的地区，而且，教育机构遭受的危机、暴力和攻击，以及自然灾害和流行疾病继续在全球干预着教育和发展。""我们承诺发展更加包容、更具反应力和复原力的教育系统，以满足这些局势下的儿童、青年和成人的需求，包括境内流离失所者和难民的需求。"这种思路，就远远超越了对入学率的追求。

原载《信报·教育评论》（2016-03-18）

后　记

这本书的出版，是许多朋友催促的结果。自己看了许多遍，总是觉得不满意。

就像我在本书开头所说，这里集合的文章，原来不是书本章节的体例，因此没有平常一本书应该有的节奏感；而且由于是在不同年代写的，连贯性也不强。尤其是一些事例与论据，在不同的章节里重复出现，但又的确服务于不同的论点，因此决定保留。

无论如何，这本书里传达的信息，是我非常想与读者诉说的。由于在香港大学工作，这些年到过不少地方，在各国交了不少朋友，经历过不少各地教育改革的尝试，了解了不少完全不同的见解，也听过不少动人的故事。在这个过程中，我逐渐形成了自己的观察：社会变了！变得我们认不得了。因此教育也必须变！但是在教育内部工作的人士，却不容易感到社会的变化，或者感觉不到这些变化与教育有什么关系。

我的认识，我们目前的教育，不过是人类历史中短暂的工业社会时代的一个缩影。随着工业社会逐渐退出历史舞台，教育也应该恢复她的天然使命。

我总是觉得，中华文化对教育有难以匹比的深刻认识，似乎正好可以让教育返璞归真，逐渐摆脱工业社会的生产模式。我们华人社会近年来在教育改革上面的努力与挣扎，其实是世界教育史上很难得的一页。

本书若有什么贡献的话，就是述说社会的变化，尝试说明今天的教育与社会的脱节，为教育的返璞归真鸣锣开道。教育应该何去何从？本书还没有具体谈到。

图书在版编目（CIP）数据

教育之变 / 程介明著 . —上海：华东师范大学出版社，2022
ISBN 978‒7‒5760‒3260‒4

Ⅰ.①教 ... Ⅱ.①程 ... Ⅲ.①教育—文集 Ⅳ.① G4-53

中国版本图书馆 CIP 数据核字（2022）第 170054 号

大夏书系·名家谈教育

教育之变

著　　者	程介明	
策划编辑	李永梅	
特约策划	童喜喜	
责任编辑	万丽丽	
责任校对	杨　坤	
装帧设计	奇文云海·设计顾问	

出版发行	华东师范大学出版社
社　　址	上海市中山北路 3663 号　邮编　200062
网　　址	www.ecnupress.com.cn
电　　话	021‒60821666
客服电话	021‒62865537
邮购电话	021‒62869887　地址　上海市中山北路 3663 号华东师范大学校内先锋路口
网　　店	http://hdsdcbs.tmall.com

印刷者	北京博海升彩色印刷有限公司
开　本	890×1240　32 开
印　张	8.75
字　数	195 千字
版　次	2022 年 10 月第一版
印　次	2022 年 10 月第一次
印　数	6 100
书　号	ISBN 978‒7‒5760‒3260‒4
定　价	52.00 元

出版人	王　焰

（如发现本版图书有印订质量问题，请寄回本社市场部调换或电话 021-62865537 联系）